JN298924

TPPの正しい議論にかかせない

米韓FTAの真実

高安 雄一

学文社

はじめに

　2012年3月15日に発効した米韓FTAについて，不平等条約であるといった主張を日本で目にするようになりました。韓国では2006年にマスコミで反米韓FTAキャンペーンが張られました。例を挙げると，「NAFTAによってカナダは深刻な社会・経済問題に直面した。米韓FTAを結べば韓国も同じ道を歩む」といった内容の報道がなされ，反米韓FTAキャンペーンは少なからず世論に影響を与えました。これに対して韓国政府も積極的な反論や広報を行ったため，2007年に米韓FTAに肯定的な意見が否定的な意見を上回るようになりました。

　当時の日本には，米韓FTAについて興味を示す人は，ほとんどいませんでしたが，最近になって米韓FTAへの関心が急速に高まっています。そして内容を見ると，「米韓FTAは韓国に著しく不利な不平等条約」，「米韓FTAによって韓国経済・社会は深刻なダメージを受ける」といった，米韓FTAの負の側面を強調するものが多くなっています。検索サイトで「米韓FTA」，「不平等条約」といったキーワードを入れると，読み切れないほどの結果が出てきますし，米韓FTAは不平等条約であるとした主張が記されている書籍や雑誌も少なくありません。なぜ日本でこのような主張が広まっているのかといえば，TPPに反対する根拠の一つとして，「米韓FTAで韓国が打撃を受ける」→「日本がTPPに参加すれば韓国

の二の舞になる」といったロジックが使われているからです。

　米韓FTAの問題点として日本で広まっているものは多岐にわたっています。投資，農業，サービス貿易，金融サービス，知的財産権など，すべての分野において不平等と断じていると言っても過言ではありません。ちなみに日本で広まっている問題点の大半は，韓国のマスコミが反米韓FTAキャンペーンの一環として報道したものです。また米韓FTAの，いわゆる「毒素条項」，すなわち，外交通商部によれば，最近インターネットを中心に流れている主張で，米韓FTAのなかで，韓国の経済・社会にダメージを与えるとされている条項も，日本で盛んに紹介されています。

　これらの主張に対して，韓国政府は個々に反論資料を作成して公開しています。そして反論資料は，一冊（600ページを超えます）にまとめられていますし，「毒素条項」に対する反論をまとめた報道資料もあります。これら政府の反論資料は，外交通商部の米韓FTAの専用ホームページから簡単に入手できます。

　しかしこれら政府の反論は韓国に置き去られ，米韓FTAが不平等条約であるといった主張だけが日本に輸入されています。よって，この主張を鵜呑みにすると，米韓FTAは不平等条約であり，日本がTPPに参加すると，韓国と同じように不平等な条件を飲まされるのではと心配になってしまうことでしょう。本書の目的は，米韓FTAが不平等条約と断じる主張のそれぞれに対する，政府の反論を紹介することです。もちろん政府の反論に対する再反論もあるかと思います。政府の立場としては，米韓FTAは不平等であるとはいえず，反論にもバイアスがかかる可能性があるからです。しかし，米韓FTAが不平等条約なのか否かは，不平等であるとの主張だけでなく，政府が中心になって示している反論も知って，はじ

めて判断が可能なことも事実です。

　TPPへの参加是非については，そのメリットとデメリットをきちんと議論したうえで，最終的にはどちらに重きを置くのか国民が判断すべきです。TPPのデメリットの見本市のように紹介されることの多い米韓FTAを正しく理解することは，TPPに対する実りある議論に不可欠です。韓国政府の反論を説明するためには，米韓FTAの協定文はもちろんのこと，関係する国内の法令の条文にまで立ち入る必要があります。よって斜め読みでさっと頭に入るほど単純明快に書くことはできません。そこで各章の終わりに，結論だけわかるような要約（〈まとめ〉）をつけました。日本で紹介される，米韓FTAは不平等条約であるとの主張に対して，このような反論があるといったことは，この要約を読めばわかります。

　また国家間の貿易，投資，知的財産権などに関するルールに関して知識が少ない人にも読んでもらえるように，本書の末尾に付録として「本書を読むための基礎知識」を書き加え，関連する制度や用語の解説をしました。私のゼミを希望する学生の面接で，一番興味深い時事問題は何か聞いたところ，半数以上がTPPと回答しました。しかし突っ込んだ内容を質問すると，とたんに沈黙してしまいました。TPPを理解するためには，WTOにより定められた国際貿易ルール，またFTAがWTO体制のなかでどのような位置を占めるのか知らなければなりません。そして，物品やサービス貿易，直接投資，知的財産権など，WTOがルールを定めている分野についての基礎知識も必要です。よってこれらの知識を学んだうえで，TPPや米韓FTAといった具体的な事例を通して，知識を深めるための材料とすることも，本書の目的です。一般の読者の皆さんには，最後の付録「本書を読むための基礎知識」は読み飛ばしていた

だければと思います。

　学文社の落合絵理さんには，本書の企画を熱心に進めていただきました。なお本書は，日経ビジネス・オンラインに，2012年3月から10月にかけて連載された「TPPを議論するための正しい韓米FTA講座」に加筆・修正を加え，まとめたものです。この連載に際しては，日本経済新聞社（2012年3月まで日経BP社日経ビジネスオンライン編集副編集長）の福家整さん，日経BP社日経ビジネスオンライン編集副編集長の山中浩之さんに，ご尽力いただいたとともに，丁寧なコメントをいただきました。お二方にこの場をお借りして御礼申し上げます。

　2012年10月　　　　　　　　　　　　　　　　　　高安　雄一

目 次

はじめに　i

凡例　viii

序章　TPP参加が日本に与える影響を米韓FTAから知る……1
1. 米韓FTAはTPP協定の交渉分野の多くをカバー　1
2. 日本と韓国の経済構造は似ている　5
3. 悪影響を強調した主張が豊富　6

第1章　ISDS条項
——仲裁機関は中立，韓国が一方的に不利なことはない……12
1. 韓国企業もアメリカ政府を提訴できる　13
2. 国際投資紛争解決センターは中立　15
3. アメリカ企業は濫訴していない　19

第2章　食の安全と農業
——狂牛病発生時には輸入禁止，農業壊滅もなさそう……25
1. ラチェット条項の適用範囲は限定的　25
2. 未来最恵国待遇の適用範囲も限定的　31
3. 農業は壊滅しない　32

第3章　公共政策
　　　──韓国の公共政策はアメリカに乗っ取られることはない……42
1. 非違反提訴のハードルは高い　43
2. 間接収用の認定には相当程度の剥奪が必要　45
3. 政府の政策は影響を受けない　47

第4章　サービス貿易
　　　──アダルト産業が野放しになることはない……………58
1. ネガティブリストでも問題なし　58
2. 非設立権は多くのサービス分野で留保　61
3. 郵便事業は一部開放されるが影響は小さい　62

第5章　金融サービス（1）
　　　──郵便局保険が乗っ取られることは考えにくい…………71
1. 米韓FTAにおける金融サービスの扱い　72
2. 郵便局保険に対する規制は強化される　73
3. 共済優遇措置は近い将来消えることは確か　80

第6章　金融サービス（2）
　　　──金融市場は「国際資本の鉄火場」にはならない…………89
1. 韓国の資本市場はほぼ完全に開放されている　89
2. 外国資本は銀行を支配できず，利率規制も存続　91
3. 金融セーフガードの発動要件は変わらず　92
4. 新しい金融商品の販売は簡単にはならない　95

第7章　知的財産権（1）医薬品
　　　　——ジェネリック薬への影響は今後の制度設計しだい …… 100
1. ジェネリック薬とは　100
2. ジェネリック薬の市販は引き続き可能　101
3. ジェネリック薬の市販が遅れる可能性　102

第8章　知的財産権（2）（医薬品を除く）
　　　　——著作権侵害の濫訴は起こらない ……………………… 110
1. 著作権侵害の一部は従来より非親告罪　111
2. 著作権保護期間はすでに延長されていた　114
3. ビデオの持ち込みだけでは罰せられず　115
4. 音やにおいの商標権保護は規定路線　116
5. インターネットをとりまく環境は今と変わらず　118

補　論　再協議は可能 ………………………………………………… 124

参考文献　128

付　録　本書を読むための基礎知識 ……………………………… 129
「本書を読むための基礎知識」で参照した
政府の説明や報告書のリンク集　145

おわりに　147

凡 例

(1) 「米韓FTA」は，韓国では「韓米FTA」と表記されています。しかし本書では韓国で出された資料名を含めて，日本で一般的な「米韓FTA」との表記で統一しました。

(2) 政府機関の名称は，日本と韓国で同一名称のものがある場合，機関の名称の前に国名をつけました。一方，同一名称がないものはそのまま機関の名称だけ記しました。日本の中央政府機関は省，韓国は部（例えば企画財政部）で呼ばれるものが多いので，どちらの国の機関か識別が可能です。ちなみに庁と呼ばれる政府機関については，統計庁および食品医薬品安全庁は韓国にしかありませんが，特許庁は日韓両国にあるので，韓国特許庁としました。

(3) 国会の関連機関（常任委員会など）には国名をつけていませんが，本書ではすべて韓国国会の関連機関です。

(4) 参考とした文献などについては，書籍，あるいは書籍にまとめられた論文の形態をとるものは，本文には著者名および出版年のみ示し，書名あるいは論文名などは，本書の末尾に付した参考文献に一括して掲載しました。報道資料などの書籍にまとめられていない資料については，資料名などをそのつど本文などに掲載しました。

序章 TPP参加が日本に与える影響を米韓FTAから知る

　環太平洋パートナーシップ（TPP）協定は，太平洋地域における自由貿易につながる道筋をつけるとの目的のもと，アメリカを含む太平洋を取り巻く9カ国で[1]（2012年8月末現在）交渉が行われています。TPP協定の交渉では，24の作業部会が設けられていますが，「首席交渉官会議」のように特定の分野を扱わないものを除き，工業，繊維・衣料品・農業の3つに作業部会が分かれている「物品市場アクセス」を一つに括ると，21の分野に整理できます[2]。TPP協定は，それぞれの作業部会で交渉が進められており，論点が明らかになってきているようですが，当然のことながら協定文ができているわけではなく，今後どのような内容になるか明らかではありません。そのようななか，米韓FTAがTPP協定の行方を占うとして注目を集めています[3]。

1. 米韓FTAはTPP協定の交渉分野の多くをカバー

　TPP協定の議論に関して，米韓FTAが引き合いに出される理由には大きく3つがあると考えられます。第一の理由は，TPP協定で交渉されている21分野のほとんどが，米韓FTAでカバーされていることでしょう（表序-1）。先述したとおり，TPP協定の交渉は現在進行中であり，どのような協定文になるかはわかりませ

表序-1 TPP と米韓 FTA の類似性

TPP の交渉分野	米韓 FTA の章など
(1) 物品市場アクセス	第 2 章　内国民待遇及び物品市場アクセス 第 3 章　農業 第 4 章　繊維 第 5 章　医薬品
(2) 原産地規則	第 6 章　原産地規則・原産手続き
(3) 貿易円滑化	第 7 章　税関行政及び貿易円滑化
(4) SPS（衛生植物検疫）	第 8 章　衛生植物検疫措置（SPS）
(5) TBT（貿易の技術的障害）	第 9 章　貿易の技術的障害（TBT）
(6) 貿易救済（セーフガードなど）	第 10 章　貿易救済
(7) 政府調達	第 17 章　政府調達
(8) 知的財産権	第 18 章　知的財産権
(9) 競争政策	第 16 章　競争
(10) 越境サービス	第 12 章　越境サービス貿易
(11) 商用関係者の移動	その他「2011 年 2 月 10 日付合意議事録」
(12) 金融サービス	第 13 章　金融サービス
(13) 電気通信サービス	第 14 章　電気通信
(14) 電子商取引	第 15 章　電子商取引
(15) 投資	第 11 章　投資
(16) 環境	第 20 章　環境
(17) 労働	第 19 章　労働
(18) 制度的事項	第 22 章　総則規定・紛争解決
(19) 紛争解決	第 22 章　総則規定・紛争解決
(20) 協力	—
(21) 分野横断事項	—

(出所) TPP の分野と，米韓 FTA の章は，内閣官房他「TPP 協定交渉の分野別状況」（2011 年 10 月），外務省「米韓 FTA の概要」(2011 年 10 月 25 日）における表記にしたがった。TPP と米韓 FTA の対応関係は筆者による。

序章　TPP 参加が日本に与える影響を米韓 FTA から知る

ん。しかし聞こえてくる交渉の様子などから，TPP に参加した場合，日本が考慮すべき点が明らかになっています。以下では，TPP 協定から 5 つの分野を選び，日本政府の資料で慎重に検討すべきと指摘している点を示したうえで[4]，それらが米韓 FTA でどのように決着し，韓国がどのような義務を負ったか見ていきましょう。

　第一の分野は物品市場アクセスです。考慮すべき点の一つとして，TPP 協定交渉においては，高い水準の自由化が目標とされているため，これまで常に「除外」または「再協議」の対応をしてきた，コメ，牛肉，豚肉などの農林水産品について，関税撤廃を求められる可能性が挙げられています。また医薬品分野に関する規定が置かれる可能性も指摘されています。これらの点は，米韓 FTA ではどのようになったのでしょうか。農林水産品の自由化ですが，韓国はコメについては自由化から除外することに成功しました。しかし，牛肉は FTA の発効後 15 年，豚肉は 10 年で，関税をゼロにすることになりました[5]。そして自由化から完全に除外できた農産品はコメだけで，大半は長くても 15 年後には関税率をゼロにすることとなりました。さらに医薬品分野についても，米韓 FTA ではいくつかのルールが導入されました。第 7 章で詳しく説明しますが，米韓 FTA で課せられた義務にもとづき，韓国では，薬事法を改正し，医薬品の「許可・特許連携義務」を導入するなど，動きが出ています。

　第二の分野は越境サービスです。日本が考慮するべき点としては，自由化を留保してきた措置・分野について変更が求められる場合，国内法の改正が必要になる，あるいは，将来的にとりうる国内措置の範囲が制限される可能性が挙げられています。越境サービスについては，米韓 FTA にもとづき韓国で法改正が行われました。

詳しい説明は後に譲りますが、郵便サービスを例にとれば、郵政事業本部（韓国では政府が郵便サービスを担っており、郵政事業本部はサービスを供給するための行政組織）が独占する範囲が一部狭められ、そのために郵便法が改正されました。またサービスに関する国内措置の一部には、自由化を後退させてはならないとの制限が課せられました（いわゆる「ラチェット条項」）。

　第三の分野は金融サービスです。この分野については、すでにWTOなどにおいて高いレベルの自由化を約束していますが、郵政や共済について追加的な約束を求められる場合には、慎重な検討が必要とされています。そして金融サービスについては、米韓FTAにもとづき、韓国政府は保険事業について、郵便局保険や共済に対する監督や規制の強化を約束しました。

　第四の分野は投資です。ここでは、国家と投資家の間の紛争解決（ISDS）手続きが採用される場合、外国投資家から日本に対する国際仲裁が提起される可能性は排除できない点が挙げられています。そして米韓FTAでは、ISDS手続きが採用されました。

　第五の分野は知的財産権です。この分野については、①視覚によって認識できない商標（例えば音）を商標登録できるようにする、②日本の制度よりも長い期間、著作権を保護する、③著作権侵害につき職権で刑事手続をとることを可能とするなどが挙げられています。米韓FTAにもとづき、韓国は法改正により、視覚によって認識できない商標を登録できるようにしたとともに、著作権の保護期間を50年から70年に延長しました[6]。また著作権侵害に対しては、職権で刑事手続をとることを可能にする範囲を広げました。

　このように韓国政府は、米韓FTAにもとづき、TPPに関連して日本政府が懸念している事項についてさまざまな約束をしていま

す。これら約束に対しては、韓国に悪影響を及ぼすと主張されており、その主張に対して韓国政府が反論している状況です。

2. 日本と韓国の経済構造は似ている

　TPP協定の議論に関して、米韓FTAが引き合いに出される第二の理由は、米韓FTAの当事国です。TPPの参加国は現在9つですが、そのなかでも突出して重要な国はアメリカでしょう。米韓FTAの当事国の一つは、文字通りアメリカです。よってアメリカを交渉相手とした場合、何が要求されるか予想するうえで、アメリカが当事国となっているFTAは参考になります。しかしそのようなFTAは数多くあります。発効から20年近く経ち、影響を検証することも可能である北米自由貿易協定（NAFTA）、それに両当事国ともTPPに参加している米豪FTAもあります。そのようななか、米韓FTAが注目される理由としては、もう一方の当事国である韓国の経済構造が、日本と似ていることを挙げることができます。

　例えば、農業分野での競争力が弱く、コメの輸入は実質的にシャットアウトしています[7]。そしてその他の農産品も、畜産、果物など関税で手厚く保護しています。また郵便サービスにおいて、かなりの部分が郵便局により独占されている点、郵便局が金融サービスの主要な供給者の一つとなっている点も似ています。なお韓国の制度は少なからず日本を手本としたものがあり、それゆえに制度の類似性が見られます。よって米韓FTAにより韓国に課せられた義務やその影響は、日本がTPPに参加した場合に課せられる義務やその影響を予測するうえで、大いに参考になります。

　そして製造業の多くの分野で日本と韓国は競合しており、家電や

自動車はその代表格といえます。そのようななか，韓国はアメリカ，EUとFTAを締結しました。これによって，アメリカへ輸出する場合，乗用車は通常2.5％の関税がかかりますが，韓国はこれがゼロに，トラック25％，カラーテレビ5％の関税も韓国には課されなくなります。またEUに対する輸出には，乗用車で10％，薄型テレビで14％，液晶ディスプレイモニターで14％，電子レンジで5％の関税がかかりますが，韓国はこれもゼロになります。[8] 日本と韓国は，産業構造や主要輸出品が似ていますが，近年は韓国企業が激しく追い上げており，品目によっては日本企業の競争力を上回っていると言われています。そこに，アメリカやEUとFTAを結んだことで，韓国企業は有利な条件を獲得したわけで，この点から韓国のFTA戦略が注目されています。

3. 悪影響を強調した主張が豊富

　TPP協定の議論に関して，米韓FTAが引き合いに出される第三の理由としては，米韓FTAが韓国の経済・社会に深刻な悪影響を及ぼすとした主張が，インターネット上，一部マスコミ報道などから出さている点を挙げることができます。またこの主張は，野党（具体的には民主労働党，民主党）にも取り上げられ，米韓FTAの破棄が公約とされる事態となっています。そしてこれら主張は，日本がTPPに参加すると韓国と同じ目に遭うといったロジックから，TPPに反対する根拠の一つとなります。そこで，これら主張が，そのまま日本に輸入され，さまざまなルートを通じて広まっています。

　ここで日本でも広まりつつある，米韓FTAの「毒素条項」につ

いて説明しておきます。「毒素条項」とは何とも恐ろしいネーミングですが，外交通商部によれば，最近インターネットを中心に流れている主張であり，米韓FTAのなかで，韓国の経済・社会にダメージを与えるとされている条項です。

毒素条項とみなされた条項は12種類あり，具体的には，①サービス市場のネガティブリスト，②ラチェット条項，③未来最恵国待遇条項，④投資家─国家間紛争解決（ISDS）手続き，⑤間接収用による損害補償，⑥非違反提訴，⑦政府の立証責任，⑧サービス非設立権，⑨公企業完全民営化および外国人所有持分制限撤廃，⑩知的財産権直接規制条項，⑪金融および資本市場の完全開放，⑫再協議不可条項です（内容は表序-2を参照して下さい）。書籍やその他手段を通じて広まっている，「米韓FTAは不平等条約」との主張の大半は，「毒素条項」をまとめた資料がネタ元であると考えられます。

これら3つの理由により，TPP協定の議論に関して，米韓FTAが引き合いに出されていると考えられますが，最初の2つの理由にもとづき参考にされるのであれば，建設的な議論が期待できます。TPP協定で議論されている分野は，ほとんど米韓FTAでカバーされています。また，日本政府が慎重に検討すべきとされている点が，米韓FTAでどのように決着したのかを見ることで，日本にどのような影響が及びうるのか予想できます。そして，このような予想は，米韓FTAの一方の当事国が，TPPの主要参加国であるアメリカであり，もう一方の当事国が日本と経済構造が似ている韓国であることから可能となります。

しかし第三の理由により，米韓FTAが参考とされる場合，日本がTPPへ参加するか否かの議論が歪められてしまいます。米韓

表序−2　いわゆる「毒素条項」とその主張内容

① サービス市場のネガティブリスト	・開放しない分野だけを指定する条項で，事実上すべてのサービス市場を開放する。 ・あらゆる賭博サービス，アダルト産業，マルチ商法などが国内に参入してきても，これを無条件に受け入れることになる。
② ラチェット条項	・一度開放された水準は，いかなる場合も逆に戻せない条項であり，先進国間のFTAでは例のない毒素条項である。 ・コメ開放により稲作が全滅し，食糧が政治的なカードとされる状況となっても，以前の水準に戻すことはできない。 ・牛肉輸入によって，多くの人間が狂牛病にかかる状況となっても，輸入を中断できない。 ・電気，ガス，水道などが民営化された後，独占などにより価格暴騰などの混乱が発生しても以前の水準に戻すことはできない。 ・教育や文化分野が自由化された後，以前の水準に戻すことはできない。
③ 未来最恵国待遇条項	・将来，他の国とアメリカより高い水準の市場開放を約束する場合，自動的に米韓FTAに遡及適用される条項である。 ・日本とFTAを締結する時，農産物分野において，韓国が日本より強い，とうもろこしや麦を相互開放する場合，元の米韓FTAでは開放義務がない，とうもろこしや麦も，ただにアメリカに開放しなければならない。
④ 投資家─国家間紛争解決（ISDS）手続き	・国の主権の喪失を招く最も悪い条項である。大韓民国憲法上保障された，司法権，平等権，社会権が崩れる。この制度によって韓国に投資したアメリカ資本や企業は，韓国で裁判を受ける必要がなくなる。
⑤ 間接収用による損害補償	・米韓FTAの条項が国内法に優越し，アメリカ系企業が不法行為を行っても，韓国政府がこれを規制することができなくなる。規制した場合，営業活動を妨害したとして提訴される。

	・政府の政策や規定により発生した, 間接的損害にも補償しなければならない条項である。 (例) 人口が密集している韓国は土地公共概念など, 利用を制限する共同体的法制を有する (アメリカは韓国と正反対)。しかしこの毒素条項により韓国のすべての共同体的法体制が完全に消える。米韓FTAが韓国政府のすべての政策と規定の上位法として解釈されるようになる。韓国の主権が有名無実化する危険がある。
⑥ 非違反提訴	・FTA協定文に違反しない場合でも, 政府の税金, 補助金, 不公正取引是正措置などの政策により, 「期待する利益」を得られなかったことを根拠として, 投資家が相手国を国際仲裁機関に提訴できる。 ・資本や企業が自分らの経営失敗で期待利益を得られなかった場合でも, 韓国政府を相手に訴訟を提起できる。 ・国際仲裁機関に提訴して, 勝てば天文学的な賠償金を受け取れる。
⑦ 政府の立証責任	・すべての政策や規定について, 政府はこれが必要不可欠なことであることを, 科学的に立証しなければならない責任を負う。 ・狂牛病発生時にアメリカ産牛肉輸入を規制しようとしても, 韓国政府が直接狂牛病を立証しなければならない。
⑧ サービス非設立権	・相手国に事業所を設立せずに営業できる条項である。国内に存在しない会社を処罰できる法律がないため, サービス非設立権条項により, 韓国はこれら企業に対して, 課税や不法行為に対する処罰ができない。
⑨ 公企業完全民営化および外国人所有持分制限撤廃	・韓国の公企業を, アメリカの巨大投機資本に, 美味しく捕えやすい獲物として与える条項 (国公企業民営化入札にアメリカ系企業や資本が参加して引き受けられる)。 (例) 医療保険公団, 韓国電力, 水資源公社, 道路公社, KBS (日本のNHK), 地下鉄公社, 鉄道

	公社，国民年金などがアメリカの巨大投機資本に私有化される可能性が高い。その結果，水道料金，電気料金，地下鉄料金，ガス料金，医療保険料などが大幅に引き上げられることになり，庶民経済が破綻する（アメリカ資本は利潤のみ求め再投資しないため，国家の基幹産業が荒廃するほかはない）。
⑩ 知的財産権直接規制条項	・韓国人，韓国政府，韓国企業に対する知的財産権取り締まり権限を，アメリカ系企業が直接もつようになり，複製薬生産が不可能になり，薬の価格は青天井に高まる。
⑪ 金融および資本市場の完全開放	・韓国の金融市場を，現在にも増して国際投機資本の遊び場とする，害をもたらす条項である。 ・外国投機資本が韓国内で制裁なしに銀行業を営める。 ・外国投機資本が国内銀行の株式を100％所有できる。 ・中小企業に対する貸出減少により多くの中小企業の倒産が憂慮される。 ・私債利率制限廃止により私債問題が深刻となる。
⑫ 再協議不可条項	・上記11種類の条項はいかなる場合でも再協議ができない。

(出所) 外交通商部「わかりやすく書いた，いわゆる米韓FTA毒素条項主張に対する反論」（2011年1月）から引用した文章を表として整理した。

FTAを知ることは，TPPに日本が参加した場合，どのような影響を受けるのか予想するための助けになります。しかし，一方的な情報にもとづいて，「米韓FTAは韓国の経済・社会に悪影響を与える→TPP参加は日本の経済・社会に悪影響を与える」ことを主張するのでは，TPPに参加すべきか否かといった重要な議論が意味のないものになってしまいます。

第1章から第8章では，米韓FTAが不平等条約であるとの主張に対して，韓国政府がどのように反論しているのかなどを紹介し，

TPPを議論する際に米韓FTAを利用するための材料を提供したいと思います。

注

1) 9カ国とは、シンガポール、ニュージーランド、チリ、ブルネイ、アメリカ、オーストラリア、ペルー、ベトナム、マレーシアである。
2) 内閣官房他「TPP協定交渉の分野別状況」(2011年10月)による。
3) 外務省によれば、「特定の国や地域の間で、物品の関税やサービス貿易の障壁等を削減・撤廃することを目的とする協定」をFTA、「貿易の自由化に加え、投資、人の移動、知的財産の保護や競争政策におけるルール作り、様々な分野での協力の要素等を含む、幅広い経済関係の強化を目的とする協定」をEPAとしている(外務省ホームページから引用)。この定義によると、米韓FTAは物品やサービスしか関係せず、TPP協定の行方を占うには対象範囲が狭すぎるように考えられるが、実際には、貿易、サービスのみならず、投資、知的財産権など広い範囲をカバーしている。よって米韓FTAは、FTAとの名前は付いているが、日本の定義で見るとEPAであるといえる。なお、外務省は、「近年世界で締結されているFTAのなかには、日本のEPA同様、関税撤廃・削減やサービス貿易の自由化にとどまらない、様々な新しい分野を含むものも見受けられます」としているが、米韓FTAはまさにこれに相当する。
4) 内閣官房他「TPP協定交渉の分野別状況」(2011年10月)による。
5) 牛肉や豚肉は、それぞれいくつかの品目に分かれており、品目により関税撤廃の時期など自由化のスケジュールが異なる。
6) 著作権の保護期間延長は、EU韓FTAによる義務を履行するため、すでに延長されていた。
7) 韓国では、米の関税化を2014年まで猶予している(ミニマムアクセス米の輸入は行っている)。一方、日本は関税化しているが、従価税ベースで778%といった輸入禁止的な関税をかけている。
8) 内閣官房「EPA関係資料集」(2010年10月)による。

第1章　ISDS条項
―― 仲裁機関は中立，韓国が一方的に不利なことはない

　第1章ではISDS（Investor-State Dispute Settlement）条項を取りあげます。まずISDS条項について簡単に解説します。この条項は「国家と投資家の間の紛争解決手続き」（以下，「ISDS手続き」）について定めています。ISDS手続きとは，投資家と国家間の紛争解決の手続きであり，投資を受入れた国が協定に違反し，その国に投資した企業などに損失が生じた場合，企業が政府を相手取って国際仲裁機関に仲裁を要請できる手続きです。

　この手続きが可能な場合，投資受入国との間で紛争が起こった時，投資家は，① 投資受入国の裁判所に提訴する，② 国際仲裁機関に仲裁を要請する，のいずれかを選択することができます。ISDS手続きがある理由としては，被害を被った投資家が裁判を提起する際，投資受入国の裁判所しか選択肢がないと，自国の政府などに有利な判断を下さないか不安であることが挙げられます。国際仲裁機関が判断を下せば中立性が期待されるわけです。

　米韓FTAにはISDS条項が含まれていますが，これが韓国に不平等とする主張にはさまざまなバリエーションがあります。これを大きく区分すると，(1) 韓国企業はアメリカ政府を提訴できない，(2) 国際仲裁機関はアメリカ寄り，(3) アメリカ企業による濫訴の3つの類型に分けることができます。以下ではそれぞれについて考察していきます。

第1章　ISDS条項——仲裁機関は中立，韓国が一方的に不利なことはない

1. 韓国企業もアメリカ政府を提訴できる

　第一の類型「韓国企業はアメリカ政府を提訴できない」についてです。韓国の投資家がアメリカ政府の協定違反により被害を受けた場合，アメリカの投資家は，① 相手国の裁判所に提訴，② 国際仲裁機関に提訴（ISDS 手続きへの付託）のいずれかを選べますが，韓国企業は選択肢がないと主張されています。さらにこの主張は，「韓国企業は国際仲裁機関に提訴できない」，「韓国企業はアメリカ政府を提訴できない」の2つに分かれます。

　「韓国企業は国際仲裁機関に提訴できない」との主張の発信源は日本です。しかし米韓 FTA の条文を読めば，両国の投資家は国際仲裁機関への提訴を選択できることがわかります。

　ただし「韓国企業はアメリカ政府を相手に提訴できない」との主張は韓国のマスコミによって報道されています。ハンギョレ新聞は，韓国企業はアメリカ政府を提訴できないと報道しました。記事では，米韓 FTA 履行法案の第 102 条（c）項に「アメリカ政府を除いて，だれも米韓 FTA を根拠に請求権や抗弁権をもつことができない。アメリカ政府の措置に対して，米韓 FTA 違反という理由で訴訟を提起できない」と明示されていることを根拠に，韓国企業はアメリカ政府などを訴えることができないとされています[2]。

　もしこれが本当だとしたら，米韓 FTA の条文のみに目を奪われ，アメリカの国内法に注意を払わなかった韓国が，アメリカにしてやられたことになります。しかし韓国政府はこの主張に対して反論しています[3]。

　韓国企業が，相手国の裁判所での訴訟，国際仲裁機関による ISDS 手続きへの付託のどちらでも選択できることを理解するため

には，① 条約上の義務を履行するための方法には国々で差があること，② 米韓FTAをアメリカ国内で発効させるため，米韓FTA履行法案（以下「履行法」）があることを知る必要があります。

まず条約上の義務を履行する方法についてです。条約上の義務を履行するためには，2つの方法があります。一つは，条約をそのまま国内法として扱う方法であり，別途法律を制定しなくても条約上の義務が履行できます。そしてもう一つは，条約はそのままでは国内法として扱わず，国内履行法を通じて国内法体系に受け入れる方法です。韓国は前者であり，アメリカは後者です。

つまり原則的にアメリカは，条約上の義務を国内で履行するために履行法を制定します。米韓FTAについても履行法が制定されましたが，FTA（もちろんNAFTAも含まれます）やウルグアイ・ラウンド協定などアメリカが締結した通商協定も，条約を履行するための法律が定められています[4]。

次に，米韓FTAを国内で発効させるため履行法が制定されることです。前述のとおりアメリカでは条約は国内法として扱われません。そこでFTAに規定された事項と一致しないアメリカの国内法は，履行法を通じてもれなく改正していきます。

以上の2点を説明したうえで，韓国の投資家がアメリカの裁判所に提訴できる理由を示します。履行法の第102条（c）項は，「……アメリカ政府の措置に対して，米韓FTA違反という理由で訴訟を提起できない」としていますが，これはアメリカでは条約は国内法として扱われないため当然の規定です。

つまりアメリカにおける条約の位置づけから，条約の一つである米韓FTAに違反しても，それだけでは提訴はできません。しかし履行法は米韓FTAを反映しているので，韓国の投資家は，現実的

には，米韓FTAによらなくても，アメリカ国内法によってアメリカ政府を提訴できます。

ちなみに，1994年のウルグアイ・ラウンド協定，1993年のNAFTAを国内法体系に受け入れるための履行法にも，米韓FTA履行法案の第102条（c）項と同様の規定があります。しかしこの規定によって問題は起きていません。つまり韓国の投資家は，FTAの条文を援用することでは，アメリカ政府を提訴することはできませんが，米韓FTA違反によって韓国の投資家が損害を受けた場合，アメリカ国内法によって，アメリカ政府を提訴できるわけです。

つまり，韓国の投資家は，アメリカの投資家と同様，① 相手国の裁判所に提訴，② 国際仲裁機関に提訴が可能です。

2. 国際投資紛争解決センターは中立

次に，ISDS条項が韓国に不利といった主張の第二の類型「国際仲裁機関はアメリカ寄り」についてです。ハンギョレ新聞は，国際仲介機関がアメリカ寄りであり公正な仲裁が期待できないことを報じています。この記事ではISDS手続きに関して大きく2つの主張がなされています[5]。

第一に，国際仲裁機関で仲裁が終わった197件について，投資家勝訴が30％，国家勝訴が40％と，国家の主張が受け入れられたケースが多いのですが，30％を占める合意を見ると，概ね投資家の要求が貫徹されており，投資家勝訴と和解を合わせれば，投資家の要求が通ったケースが60％に達するとしています。アメリカの投資家による提訴件数が相対的に多いため，投資家に有利な結果となる

ケースが多いならば,アメリカに有利な制度ともいえます。

　第二に,仲裁を引き受ける国際投資紛争解決センター (ICSID) が,世界銀行の傘下機構で,アメリカに有利であるため,合意を含めるとアメリカの投資家の要求が通った比率は60%であると主張しています。これら主張が正しいならば,米韓FTAの条文上は,両国の投資家に国際仲裁機関に提訴ができても,ISDS条項は,実質的にはアメリカ企業にだけ資するということになります。

投資家の勝訴率は30%に過ぎない

　しかしこれら主張についても韓国政府による反論がなされています[6]。まずISDS仲裁事例について数字を確認します。UNCTAD(国連貿易開発会議)が把握している全世界のISDS仲裁事例は390件で,197件がすでに終結しています。うち投資家勝訴が59件,国家勝訴は78件となっています(表1-1)。390件のうち,アメリカが関係する事案は123件で,アメリカ企業の提訴件数は108件,アメリカ政府の被提訴件数は15件。そしてアメリカ企業が敗訴したケースは22件,勝訴したケースは15件です(表1-2)。

　まず,ハンギョレ新聞記事の主張の一つである,「投資家の要求が通ったケースが60%に達するとしている」に対する韓国政府の反論です。政府は,和解で終結した事例を「全部ではないが投資家の要求が貫徹された場合」との根拠のない仮定により,和解を投資家勝訴と同一に扱うことで,投資家勝訴率を60%に水増ししていると批判しています。

　具体的には,和解した事案については,非公開とされた場合が多く,どちらに有利な結果か分からないうえに,公開された事案についても,投資家に対する賠償金の支払いが行われなかったケースが

表1-1 ISDS手続きの判定現況（2010年末現在）

計	終結事案（197）			係争中	その他
	国家勝訴	投資家勝訴	和解		
390	78 (20.2%)	59 (15.1%)	60 (15.4%)	164 (42.1%)	29 (7.4%)

（出所）外交通商部「"医療分野開放しない？　営利病院は協定対象—我々だけでは撤回できない"ハンギョレ新聞記事（11.5）関連」（2011年11月7日：報道資料）の表を引用。

表1-2 アメリカ関連のISDS現況（2010年末現在）

	国家勝訴	投資家勝訴	和解	係争中	その他	計
提訴	22 (20.4%)	15 (13.9%)	18 (16.7%)	48 (44.4%)	5 (4.6%)	108
被提訴	6 (40%)	—	—	9 (60%)	—	15

（出所）表1-1と同じ。

多い点を指摘しています。つまりISDS手続きが終結した事案における投資家勝訴率は30％，アメリカ企業に限れば27％とそれほど高いとはいえないことがわかります。

　また日本政府の資料から，NAFTAにおけるアメリカのISDS手続きの現況を見ると，アメリカ企業がカナダ政府を訴えたケースは15件，うち手続きが終結したものは13件ですが，アメリカ企業が勝訴したケースは2件（15％），敗訴は5件（38％），和解3件（23％）となっています。またアメリカ企業がメキシコ政府を訴えたケースは14件で，すべての手続きが終結しています。そしてアメリカ企業が勝訴したケースは5件（36％），敗訴したケースは6件（43％）です[7]。NAFTAに関連した事案においても，アメリカ企業の勝訴率はそれほど高いとはいえなさそうです。

仲裁結果はアメリカの影響を受けない

　ハンギョレ新聞の次の主張である「国際投資紛争解決センター（ICSID）は，世界銀行の傘下機構であり，アメリカが有利」に対する韓国政府の反論をみてみましょう[8]。1946年以降，確かに世界銀行の総裁はアメリカ人です。だからといって世界銀行の傘下にあるICSIDの仲裁判定がアメリカ側に有利であったという証拠はありません。

　そもそも判定には世界銀行は何ら関与することはありません。判定は3人の仲裁人によって行われますが，紛争当事者が各1名ずつ指名して，残り1名が双方の合意によって指名されます。合意に至らない場合は，ICSIDの事務総長が第三国の人を指名します。この方法については，事務総長はアメリカの息がかかっており，アメリカに有利な人を指名するといった反論が予想されます。

　しかしこの反論も正しくありません。これを数値で示しましょう。NAFTAに関連する終結したISDS事例は全部で13件ありますが[9]，双方が合意せず事務総長が仲裁人を指名したケースが4件あります。そして2件はアメリカに有利な判定，2件はアメリカに不利な判定が出ています。ちなみに仲裁人について両国で合意がなされた9件については，アメリカに有利なケースが6件，アメリカに不利なケースは3件です。つまり事務総長が指名した仲裁人が，アメリカに有利な判定を下すわけではないことがわかります。ICSIDでの仲裁は，中立的であるといえるでしょう。

　またICSIDの中立性に関連して，仲裁人となったアメリカ人が137人と最も多い半面，韓国はゼロであるため，アメリカに有利とも主張されています。これに対しても反論があります[10]。アメリカがICSIDによる仲介の当事者になったケースは123件と最多です

（企業が訴えたケースと政府が訴えられたケースの合計）。

そして当事者が1人仲介人を選ぶ権利を有するため，アメリカ側が自国民の仲裁者を指名した結果，アメリカ人の仲裁人の数が多くなっています。ただ相手側も自国に有利な仲裁人を指名していますので，これをもってアメリカが有利とはいえません。一方で，韓国は1967年にICSIDに加入してから，提訴したことや，訴えられたことは一度もありません。韓国が当事者になったことがないので，仲裁人となった韓国人がいなくても何ら不思議はありません。

3. アメリカ企業は濫訴していない

ISDS条項は韓国に不利といった主張の第三の類型が「アメリカ企業による濫訴」です。そもそも何をもって濫訴と考えるのか難しい問題ですが，ICSIDにアメリカ企業が提訴した件数は，全390件のなかで108件であり，相対的に多いとはいえます。しかし全体の件数である390件について，訴えられた国を見ると，アルゼンチンが51件であり，メキシコ19件，チェコ18件，エクアドル16件が続くなど，法制度が未整備な国が過半数を占め，地域別には中南米，東欧，旧ソ連諸国が多くなっています[11]。よって韓国のような，法制度が整備されている国では提訴されるリスクは小さいといえます。

しかし発展途上国だけが訴訟の相手になるわけではないとの反論が予想されます。先進国クラブともいわれるOECD加盟国であるメキシコ政府が，アメリカ企業（Metalclad Corp）に訴えられたケースは韓国でも引き合いに出されます[12]。このケースを簡単に説明しましょう。Metalclad社は，メキシコの中央政府から，廃棄物の埋め立て事業の許可を受けていた現地企業（Coterin社）を買収しま

した。

　しかし地方政府は，建設地の住民が反対運動を始めると，施設の建設停止を命令しました。連邦政府は，Metalclad社に対して，連邦政府の許可のみが必要であり，地方政府は許可を拒否できないと説明していました。これに対して，メキシコ政府がMetalclad社に提訴され，ICSIDはメキシコ政府に，約1669万ドルの支払いを命じる判断を下しました。

　その他，カナダ政府がアメリカ企業（S.D.Myers Inc.）に訴えられたケースもよく紹介されます。S.D.Myers社は，カナダに子会社を設立して，カナダで取得した廃棄物をアメリカで処理する事業を進めていました。しかしカナダ政府が輸出禁止措置を講じたため，同社は事業を継続できなくなってしまいました。

　カナダ政府は，自国内で廃棄物を処理することは認めていましたが，カナダ国内には関連事業を営む企業は1社しかなく，同社はS.D.Myers社のアメリカ工場（オハイオ州）よりも顧客からより遠くに立地していたため，コストが高く，またS.D.Myers社のような豊富な事業経験や顧客からの信頼を有していませんでした。そこでS.D.Myers社は，カナダ政府を，国連国際商取引法委員会（UNCITRAL）に提訴し，カナダ政府は約386万ドルと利子の支払いを命じられました。[13]

　以上2つの事例は，先進国の政府もアメリカ企業に訴えられ，多額の賠償金を取られることがあり得ることを示しています。しかしこれらは，政府が協定に違反しており，賠償金支払いを命じられてもしかたがないケースと考えられます。反対に企業が訴えても，政府が協定違反をしていないとして，訴えが退けられるケースも少なくありません。

すなわち，先進国政府であっても協定に違反して，相手国の企業に損害を与えれば，賠償の支払いから免れることはできません。しかし法制度が整備されている国であれば，企業から提訴される確率は低く，提訴されても協定に違反していなければ賠償金の支払いを命じられることはないといっていいでしょう。

ただし結果的に勝訴しても，企業から頻繁に訴えられれば行政の活動に支障が生じるといった考えもあります。そこで1994年に発効したNAFTAの例を挙げますと，アメリカ企業に，カナダあるいはメキシコ政府が訴えられたケースは29件です（カナダ15件，メキシコ14件）[14]。つまり1年で1政府あたり，1件弱の訴訟が起こされている計算です。これをもって濫訴と判断するのは難しいのではないでしょうか。

ISDS条項については，韓国企業がアメリカ政府を提訴できないといった主張は，アメリカにおける条約の位置づけの違いから生じた誤解といえそうです。国内法である履行法には米韓FTAの内容が反映されているので，米韓FTAで規定されているように，韓国企業はアメリカ企業を提訴できます。また国際仲裁機関は，投資家が有利，あるいはアメリカ寄りといった事実は見うけられません。さらに「アメリカ企業＝濫訴」といった傾向も確認できません。以上で紹介した政府の反論などを勘案すればISDS条項によって韓国経済・社会がダメージを受けることはないといえるでしょう。

注

1) ISDS手続きの説明は，外交通商部ホームページによる。
2) ハンギョレ新聞「アメリカだけ韓国を提訴可—法衝突時には韓国だ

け改正しなければならない」(2011年10月5日)。
3) 政府の反論は,外交通商部「アメリカの米韓FTA履行法説明資料」などによる。
4) 外交通商部ホームページによる。
5) ハンギョレ新聞「医療分野開放しない? 営利病院は協定対象—我々だけでは撤回できない」(2011年11月5日)。
6) 政府の反論は,外交通商部「"医療分野開放しない? 営利病院は協定対象—我々だけでは撤回できない"ハンギョレ新聞記事(11.5)関連」(報道資料:2011年11月7日)による。
7) 外務省・経済産業省「国家と投資家の間の紛争解決(ISDS)手続きの概要」(2011年3月)に掲載されている数値による。
8) 外交通商部「FTA交渉代表ブリーフィング 米韓FTAの事実はこのようだ—ISD分野」(2011年12月5日)による。
9) 先に紹介した日本政府の資料から見た数値と異なる理由は,それぞれの基準時が異なるからである。
10) この反論は,外交通商部「投資者—国家間紛争解決手続き(ISD),公正なグローバルスタンダード」(2011年11月)による。
11) 外務省・経済産業省「国家と投資家の間の紛争解決(ISDS)手続きの概要」(2012年3月)による。
12) 外交通商部「FTA交渉代表ブリーフィング 米韓FTAの事実はこのようだ—ISD分野」(2011年12月5日)による。
13) Metalclad Corpのケース,およびS.D.Myers Inc.のケースに関する部分は,外務省・経済産業省「国家と投資家の間の紛争解決(ISDS)手続きの概要」(2012年3月)などを要約引用。
14) 数値は,外務省・経済産業省「国家と投資家の間の紛争解決(ISDS)手続きの概要」(2012年3月)による。

第1章 ISDS条項——仲裁機関は中立，韓国が一方的に不利なことはない

〈第1章のまとめ〉

・**主張1：アメリカの米韓FTA履行法の規定**

> 韓国企業は，アメリカ政府をISDSにより提訴できない。アメリカの米韓FTA履行法に，「アメリカ政府の措置に対して，米韓FTA違反という理由で訴訟を提起できない」と書かれていることがその根拠である。

［韓国政府などによる反論］

　アメリカにおける条約の位置づけが違うので，米韓FTA履行法にそのような規定があるだけです（アメリカでは条約は国内法ではない。韓国は条約＝国内法）。アメリカの国内法である履行法には米韓FTAの内容が反映されているので，米韓FTAで規定されているように，韓国企業はアメリカ政府を提訴できます。

・**主張2：国際仲裁機関**

> ① 国際仲裁機関では投資家が勝訴しやすい。
> ② 国際仲裁機関は，世界銀行の傘下の機関でありアメリカ寄り（アメリカ人が歴代の総裁を独占）。

［韓国政府などによる反論］
① 投資家の勝訴率は30％に過ぎず勝訴率が高いとはいえません。なお和解したケースは結果が公開されていないケースが多いのですが，公開されたケースでは投資家に対して賠償金が支払われなかったケースが多い状況です。
② 世銀総裁は判定には関与せず，紛争当事者から各1名，双方が合意した1名の計3人で判定が下されます。合意に至らない場合は事務総長が第三国から1名を指名しますが，この場合でもアメリカに有利な判定が下されるといった事実は見られません。

・主張3：アメリカ企業による濫訴

> アメリカ企業は濫訴する傾向にあり，韓国政府は訴えまくられる。

［韓国政府などによる反論］

　アメリカ企業が提訴する数は相対的に多い状況です。しかし提訴された国（提訴した国はアメリカだけではないですが）の多くは，法制度が未整備な国です。韓国のような法制度が整備されている国では提訴されるリスクは小さいといえます。

第2章　食の安全と農業
―― 狂牛病発生時には輸入禁止，農業壊滅もなさそう

　「毒素条項」のなかにも，ラチェット条項，未来最恵国待遇条項といった，食の安全と農業に関係するものがあります。ラチェット条項を「毒素条項」とする根拠の一つに，「BSE（牛海綿状脳症）牛肉輸入によって，多くの人間がBSEにかかる状況となっても，輸入を中断できない」といった主張があります。また，未来最恵国待遇については，「日本とFTAを締結する時，農産物分野において，韓国が日本より強い，とうもろこしや麦を相互開放する場合，元の米韓FTAでは開放義務がない，とうもろこしや麦も，ただちにアメリカに開放しなければならない」といった主張があります。

　さらに「毒素条項」の主張ではありませんが，「米韓FTAにより韓国農業は壊滅する」との懸念もあります。そこで第2章では，(1) ラチェット条項，(2) 未来最恵国待遇条項，(3) 米韓FTAが農業に与える影響について検討しつつ，米韓FTAによって，韓国は食の安全が守れなくなるのか，農業は本当に壊滅してしまうのかみていきましょう。

1. ラチェット条項の適用範囲は限定的

　第一に「ラチェット条項」です。この条項が「毒素条項」であるとの主張に対して韓国政府は反論していますが，反論を解説する前

にラチェット条項について説明します。

ラチェット条項は,「一度進めた市場開放や規制緩和について,何らかの事情があって市場開放に逆行,あるいは規制を強化せざるを得ない場合でも,これが許されない規定」ですが,米韓FTAでは,この条項が適用される政府の措置は限られています。よって政府の措置の多くは,米韓FTAや他の条約などが定める義務を果たしてさえいれば,各国政府の自由に任されており,規制を強化することも可能です。よってラチェット条項の正確な理解のためには,ラチェット条項の適用範囲を知ることが何よりも重要です。

ラチェット条項にしばられる政府の措置は一部

以下では,「ラチェット条項の適用範囲」について説明します[1]。適用範囲については,(1)ラチェット条項は例外措置にのみ適用される,(2)米韓FTAにおいてラチェット条項が置かれている章は限られている,(3)ラチェット条項が関係する自由化の内容は決められている,(4)すべての例外措置にラチェット条項が適用されるわけではない点を,順番に解説していきます。

まず「ラチェット条項は例外措置にのみ適用される」です。例外措置とはどのような措置なのでしょうか。米韓FTAは,両国が守るべきルールを定めています。政府はそれらルールに合うように,国内で講じている措置を変更しなければなりませんが,措置の一部は例外とされています。これが例外措置です。つまり原則的には,規制などの措置は米韓FTAが定めたルールに合わせなければなりませんが,ルールに合っていない措置も例外として存在します。

ではどうしてラチェット条項はこれら例外措置にのみ適用されるのでしょうか。この回答は簡単です。これら例外措置を認めるため

に，米韓 FTA には，例外措置（非合致措置）に関する条文が置かれていますが，ラチェット条項は，例外措置について定めた条文のなかにあります。よって，ラチェット条項はこれら例外措置にのみに適用されます。

次に「米FTA においてラチェット条項が置かれている章は限られている」です。米韓 FTA は，第1章「冒頭規定・定義」から，第22章「総則規定・紛争解決」まであります。

先述したように，ラチェット条項は，例外措置について規定する条文中にありますが，例外措置について規定する条文が置かれているのは，第11章「投資」，第12章「国境間のサービス貿易」，第13章「金融サービス」です。よって当然のこととして，例外措置について規定する条文に含まれるラチェット条項も，これら三つの章に置かれています。つまり，ラチェット条項は，「投資」，「国境間のサービス貿易」，「金融サービス」に関する措置にのみ関係するのです。

さらに「ラチェット条項が関係する自由化の内容は決められている」ですが，ここでは投資に関して説明します。第11章「投資」では，相手国に投資した企業やその投資財産の保護，規制の透明性向上により投資リスクを減らすためのルールなどが定められています。そして例外措置は，これらルールのなかでも，「内国民待遇」，「最恵国待遇」，「特定措置の履行要求の禁止」[2]，「役員および取締役会」[3]に適用されることが明記されています。よってラチェット条項が適用されるのも，これら四つの項目に限られます。

それぞれの項目を簡単に見ていきましょう。「最恵国待遇」は，相手国の投資家およびその投資財産に対して，第三国の投資家に与えている待遇より不利でない待遇を与えるルールです。また「内国

民待遇」は，相手国の投資家およびその投資財産に対して，自国の企業に与えている待遇より不利でない待遇を与えるルールです。さらに「特定措置の履行要求の禁止」は，投資受け入れ国が，投資活動の条件として，投資家に，① 一定の水準または割合を輸出すること，② 原材料を現地で調達することなどの要求を行うことを禁止するルールです。そして「役員および取締役会」は，特定の国籍を有する者を役員として任命することの要求を禁止するルールです。

つまり投資に関する，「内国民待遇」，「最恵国待遇」，「特定措置の履行要求の禁止」，「役員および取締役会」の項目については，これらルールに合わない規制などの措置の存在が許されます。しかしすべての措置がルールに合わなくても許されるわけではなく，どのような措置が例外とされるのか明記されています。

最後に「すべての例外措置にラチェット条項が適用されるわけではない」です。例外措置には大きく，「ラチェット条項が適用される措置」，「ラチェット条項が適用されない措置」の2つに分けることができます。

「ラチェット条項が適用される措置」を具体的に示すと，① 中央政府や地域政府（韓国の場合は道や広域市など）の措置で，附属書Ⅰ（現状維持義務留保表）に列挙されるもの，② 地方政府（韓国の場合は市・郡）のすべての措置です。これら措置は「内国民待遇」などのルールに合う必要はありませんが，措置を変更する場合には，自由化の方向への変更しか認められないことが決められています。一方で，附属書Ⅱ（現状維持義務なし留保表）に列挙される措置については，「内国民待遇」などのルールに合う必要もありませんし，措置を変更する場合には，自由化と反対方向への変更も認められます。

「ラチェット条項の適用範囲」を大まかに整理しますと[4]，「投資」

に関しては,附属書Ⅰに列挙された措置が該当するといえます。これら措置は,「内国民待遇」などのルールに合わせる必要はありませんが,ラチェット条項の定めによって,変更する際には自由化の方向しか認められません[5]。そして「国境間のサービス貿易」,「金融サービス」[6]についても「投資」と概ね同様なことがいえます。

ラチェット条項について長い説明を加えましたが,ここから,ラチェット条項が「毒素条項」であるとの主張に対する韓国政府の反論を紹介します[7]。反論は至ってシンプルです。ラチェット条項は,「投資」,「国境間のサービス貿易」,「金融サービス」について定めた章にしか存在しません。そしてこれらに関連する措置のなかでも,附属書Ⅰ(現状維持義務留保表)に示された[8],限定的な措置にしか適用されません。よって,商品,検疫といった分野に関する政府の措置とは関係がありません。政府のすべての措置がラチェット条項にしばられるといった主張は正しくなく,ラチェット条項にしばられる政府の措置は一部である点が重要です。

BSEが発生すれば輸入禁止措置をとれる

次に「ラチェット条項」に関する具体的な主張についても,韓国政府の反論を紹介します。アメリカでBSEが発生した場合,ラチェット条項によって牛肉の輸入を中断できないという主張は誤りです。そもそもラチェット条項は,繰り返しになりますが,「投資」,「国境間のサービス貿易」,「金融サービス」に適用される条項であり,農産品には適用されません。

しかし,15年後には牛肉の輸入は完全に自由化されるので,BSEが発生した場合でも,輸入し続けなければならないとの反論があるかもしれません。しかしこれは,関税といった市場アクセス

に関する措置と、食品の安全を守るための措置を混同した議論です。確かに15年後には関税はゼロになり、市場アクセス面では輸入を妨げる措置を講ずることができなくなります。しかし食品の安全を守るための措置は、関税が40％であろうが、ゼロであろうが、講ずることができます。

米韓FTAの第8章「衛生および植物衛生措置」の第8.2条では、衛生および植物衛生措置の適用に関する、協定上のお互いに対する自国の既存の権利および義務を確認すると記されています。これに関連して、「関税及び貿易に関する一般協定（GATT）」の第20条は、偽装された貿易制限の方法として利用しないことを条件に、各国政府が人や動植物の生命または健康を保護するために輸入制限など必要な措置をとることを認めています。

食品や動植物の輸入によって、食品の安全が守れなくなる、動植物の病気が蔓延するといったことを防ぐために導入される措置は、SPS措置（Sanitary and Phytosanitary Measures：衛生および植物検疫措置）と呼ばれ、この措置を講ずることは食の安全を守るため、各国が有する権利です。そして米韓FTAではこの権利に変更を加えていません。よって米韓FTAが発効した後に、アメリカでBSEが発生した場合、輸入禁止などの措置をとることができます。

ただしSPS措置がすべて認められるわけではなく、あくまでも偽装された保護主義として利用しないことが条件です。そこでWTO・SPS協定が制定され、SPS措置に関する基本的なルールを定めています。WTO・SPS協定の加盟国は、SPS措置を講ずる際に科学的根拠が必要とされています。米韓FTAはWTO・SPS協定上の権利と義務を再確認しており、両国間のSPS措置に関連した紛争事項は、WTOの紛争解決手続きにしたがうようにしました。[9]

すなわち，米韓FTAの発効後も，関税率にかかわらず，BSEが発生した国から，牛肉のすべてあるいは一部を輸入禁止にする措置を講ずることが可能です。そしてこの措置に対して紛争が生じた場合，二国間で協議し，合意できない場合には，WTOの紛争解決手続きに委ねられる点も，変わりはありません。

つまりこれまでの話を整理すると，そもそもラチェット条項は，農産品には適用されないというところで，「ラチェット条項があるため，アメリカでBSEが発生しても，輸入を禁止できない」との主張は誤っています。アメリカでBSEが発生すれば，韓国は牛肉の輸入禁止措置を講ずることができ，これに対してアメリカと紛争が生じれば，二国間協議→WTOの紛争手続きにより解決するといったこれまでの手続きに，米韓FTAは変更を加えていません。

2. 未来最恵国待遇の適用範囲も限定的

次に「未来最恵国待遇条項」についてです。仮に韓国と日本がFTAを締結し，麦やとうもろこしの市場開放を行った場合，アメリカに対しても同様に市場開放を行わなければならないのでしょうか。結論から述べれば，このようなことは起こりません。確かに未来最恵国待遇によれば，将来，アメリカ（韓国）が，その他の国より高い水準の市場開放を約束した場合，この水準が韓国（アメリカ）に対しても適用されます。しかしこの条項の適用も，「投資」，「国境間のサービス貿易」，「金融サービス」のみに限られています。よって麦やとうもろこしといった農産品で問題が起こることはありません。

ちなみに，韓国政府によれば，脆弱で保護しなければならないサ

ービス分野を留保しています。つまり，留保された部分については，将来FTAなどを通じて，他国により水準の高い市場開放を行ったとしても，アメリカに対して同等の市場開放を行う必要はありません。

3. 農業は壊滅しない

さらに「米韓FTAが農業に与える影響について」見てみましょう。これは「毒素条項」にはリストアップされていませんが，日本では韓国の農業が壊滅するといった主張が広まっています。そこでそのようなことが本当に起こるのか，客観的な数値から考察します。まず韓国の農業分野に対する被害額について確認していきましょう。これは2011年8月5日に韓国の主要研究所が連名で公表した「米韓FTA経済的効果再分析」から得ることができます。

農業分野の被害額は，政府出捐機関である韓国農村経済研究院が推計しています。同研究院は，自らが開発した計量モデルを利用して，主要品目別に生産減少額を出しています。具体的な数値を見る前に，生産減少額の意味について説明します。

まず米韓FTAが締結されない状況が続いた場合を仮定して，1980年から2008年までのデータを利用して，2026年までの各品目の生産額などを推計します。この数値はベースラインと呼ばれます。その次に，米韓FTAで妥結した，毎年の関税率や輸入割当量などの条件を入力し（発効は2012年と仮定しています），この条件下における各品目の毎年の生産額などを導出します。

その結果，2012年以降のベースラインの数値と，米韓FTAで妥結した関税率や輸入割当量を反映した数値との間に乖離が生じま

す。通常はベースラインの生産額が高くなり，ベースラインの生産額から，米韓FTAを反映した生産額を引いた数値が生産減少額となります。つまり米韓FTAが締結されなかった場合に予想される生産額より，米韓FTAの締結によって予想される生産額がどの程度低くなるのか求めているわけです。

なおこの推計は，FTAの内容が明らかになってから行っているので，関税率などの条件について憶測が排されています。よって条件の妥当性については争う余地はなく，計量モデルが妥当であるのかが争点になります。「計量モデルで被害額を正確に予測できない」といった批判があることには留意する必要がありますが，きちんと根拠を示したうえで，韓国農村経済研究院の数値をはるかに上回る生産額の減少を見通している推計も見当たりません。よってここでは，韓国農村経済研究院の推計値から，韓国農業が本当に壊滅するのか考えます。

10年後の牛肉生産額は17%増加

さて韓国農村経済研究院の推計によると，最も生産額の減少が大きい品目は牛肉です（全体の数値は表2-1を参照）。具体的には，15年の減少額合計が3兆ウォン，年平均で2000億ウォンです。ただし毎年関税率が下げられるので，15年目の生産減少額が最大で4400億ウォンです。[11] また豚肉がこれに続きます。15年の合計は2兆4千億ウォン，年平均で1600億ウォン，15年目が2100億ウォンです。そしてさらに鶏肉が続きます。このように上位3位は畜産分野であり，畜産分野で農業全体の生産額減少の約6割を占めています。コメの生産額は減少しませんが，米韓FTAではコメは除外されているため，当然の結果です。

表 2-1　米韓 FTA による重要品目別生産額減少推計（韓国農村経済研究院による）

(億ウォン)

区分		年間			平均			15年合計	15年平均
		5年目	10年目	15年目	1-5年	6-10年	11-15年		
穀物	麦	11	23	45	7	18	35	295	20
	豆類	164	177	202	118	171	191	2,399	160
	その他	31	49	49	21	46	49	576	38
	小計	206	249	295	146	234	274	3,270	218
野菜・特作	にんにく	31	38	53	31	35	46	560	37
	たまねぎ	24	49	106	19	37	79	674	45
	とうがらし	111	145	158	98	133	156	1,934	129
	果菜類	372	412	412	263	395	412	5,348	357
	朝鮮人参	25	42	57	20	35	51	531	35
	その他	45	56	68	41	52	63	781	52
	小計	608	742	853	472	686	808	9,828	655
果樹	りんご	599	672	760	484	636	732	9,260	617
	なし	396	454	498	293	437	480	6,052	403
	ブドウ	439	585	731	326	526	673	7,625	508
	柑橘	665	730	730	461	727	730	9,589	639
	桃	150	221	221	122	191	221	2,671	178
	その他	66	72	72	51	71	72	965	64
	小計	2,314	2,735	3,012	1,737	2,586	2,909	36,162	2,411
畜産	牛肉	1,040	2,463	4,438	594	1,836	3,577	30,036	2,002
	豚肉	1,640	2,065	2,065	1,008	1,803	2,065	24,378	1,625
	鶏肉	589	1,087	1,087	389	836	1,087	11,557	770
	乳製品	297	430	430	259	372	430	5,306	354
	その他	91	143	173	64	116	163	1,716	114
	小計	3,656	6,187	8,193	2,314	4,963	7,322	72,993	4,866
総計		6,785	9,912	12,354	4,668	8,470	11,312	122,252	8,150

(出所) 対外経済政策研究院他「米韓 FTA 経済的効果再分析」(2011 年 8 月 5 日：研究機関報告書) の表 40 を引用した。

(注) この分析は, 韓国農村経済研究院が行った。

なお，牛肉輸入には40％の関税がかかっていますが[12]，これが15年間でゼロとなります。ただしこの期間中にはセーフガードが適用されます。発動するための輸入物量は1年目で27万トン，以後毎年6千トンずつ増え，15年目には35万4千トンになります。そしてセーフガード発動時の税率は，1～5年目は40％，6～10年目は30％，11～15年目は24％です。また豚肉輸入には22.5％の関税がかかっていますが[13]，これが10年で撤廃されます。そして牛肉と同様にセーフガードが適用されます[14]。

　ここで重要な点は，先に示した牛肉や豚肉の生産減少額は，それぞれの生産業にとって壊滅的な規模であるかです。まず韓肉牛の生産額を見ると，2010年は約4兆9千億ウォンです。これに対して米韓FTA発効後15年目の牛肉生産減少額は4400億ウォンであるので，2010年の生産額に対して1割程度減少する計算となります。

　ただし注意すべきは，米韓FTA発行後15年目（2027年）に，韓肉牛の生産額が現在より1割減少するわけではない点です。韓肉牛の生産額は，2004年から2009年の5年間で41.5％高まっているなど，増加トレンドで推移しています。韓国農村経済研究院は，今後も生産額が増加すると予測していますが，米韓FTAの影響によって，FTAが締結されない場合と比較して，増加幅が縮小するわけです。ちなみに米韓FTA発効後10年目の2022年の生産額は，2010年から17.2％増加した5兆7千億ウォンと予測されています[15]。つまり肉牛農家については，米韓FTAが締結されても，壊滅するわけではありません。

高くても国産牛肉を買う消費者は少なくない

　アメリカ産の牛肉にかけられる関税が引き下げられれば，アメリ

カ産牛肉の価格は低下しますが,なぜ国産牛肉は淘汰されないのでしょうか。FTAが農業部門に与える影響に関する研究の第一人者である,韓国農村経済研究院のチェセギュン副院長は,「40%の関税が課されている現在でも,アメリカ産牛肉の価格は国産牛肉の価格よりはるかに安い。しかし,国産牛は味が良いので,高くても国産牛肉を購入する消費者が少なくない」点を指摘しています。[16]

これはデータでも裏づけられています。韓国農村経済研究院の農業観測センターが消費者に対して,ロース肉500グラムに対していくら払う意思があるか尋ねた結果によると,国産は1万7165ウォンでしたが,アメリカ産は5434ウォン,オーストラリア産は6300ウォンでした。またカルビ肉500グラムについては,国産が1万5998ウォン,アメリカ産は7030ウォン,オーストラリア産は8200ウォンでした。[17] つまり国産の牛肉に対してはアメリカ産より2～3倍の価格を出してもよいと消費者は考えていることがわかります。

さらに韓国政府は以下のように主張しています。国産牛肉は高価格・高品質であると認識され,輸入牛肉より相当高い価格帯を構成しています。よってアメリカ産牛肉は韓国産牛肉よりも,オーストラリア産牛肉など他の国からの輸入牛肉と深い競争関係にあります。[18] つまり,米韓FTAによってアメリカ産の牛肉価格はさらに安くなるので,国産牛肉からアメリカ産牛肉へ需要のシフトが起こる[19]ことが考えられますが,それよりもオーストラリア産牛肉からアメリカ産牛肉へのシフトが起こるわけです。

次に豚肉について見ていきましょう。養豚の生産額は,2010年は約5兆3000億ウォンです。これに対して米韓FTA発効後15年目の豚肉生産減少額は2100億ウォンであるので,2010年の生産額に対して4%程度減少する計算となります。そして韓肉牛同様,養

豚も増加トレンドにあり,米韓FTA発効後10年目の2022年の生産額は,2010年から18.7％増加した6兆3000億ウォンと予測されています[20]。よって養豚業も壊滅からはほど遠い姿が見通されています。これに関連して,前出のチェセギュン副院長は,「豚肉については,国産の肉が味の面で優位にあるわけではないが,価格競争力があるため,それほど大きな影響を受けない」[21]と指摘しています。

以上で米韓FTAが農業に与える影響を見ましたが,ここからは,生産額の面で,米韓FTAの影響を最も受けると予測されている牛肉や豚肉の生産農家についても,壊滅といった状況には陥らないと考えられます。

関税化後もコメはほとんど入ってこない

さて米韓FTAと農業との関係についてもう一点だけ触れておきたいと思います。「コメは米韓FTAでは除外されたが,2014年に関税化されるため,米韓FTAにかかわらず自由化される」といった主張もあります。これが正しければ,アメリカとしては,米韓FTAでコメの自由化にこだわる必要はありません。しかし2014年に予定されているコメの関税化は,コメの市場開放にはつながらないことを知っておく必要があります。

重要な点は,コメが関税化に移行しても,輸入禁止的な関税率が課される可能性が高いことです。関税化後に課される税率は,韓国が勝手に決めることができるわけではなく,ルールに則って算出されます。このルールを当てはめて,コメの関税率を推計した研究があります。これによると,条件によって異なった結果となるものの,従価税基準で最低426％から最高502％の間に分布すると結論づけられています[22]。この関税率は日本ほどではないにしても[23],輸入

禁止的な関税率といってさしつかえない水準です。

　食の安全と農業については，関税を撤廃した後も，食の安全を守るための輸入制限は可能です。ラチェット条項が適用されるとの主張については，そもそも同条項は農産品には適用できず、一部の政府措置にのみ関係するものであるので，誤った認識です。未来最恵国待遇により，さらなる農産品開放がなされるといった主張も，ラチェット条項と同様な理由で正しくないといえるでしょう。さらに農業壊滅説については，客観的な試算からはあり得ないと言わざるを得ません。以上の韓国政府などの反論を勘案すると，米韓FTAを履行した後も韓国は食の安全を守ることはできますし，農業が壊滅することはないでしょう。

注

1) ラチェット条項の説明及び政府の反論は，外交通商部「わかりやすく書いた，いわゆる米韓FTA毒素条項主張に対する反論」（2011年1月）などによる。
2) 韓国語の直訳では「履行要件」であるが，日本で一般的な「特定措置の履行要求の禁止」とした。なお，投資にかかるルールに関する説明は経済産業省資料などによる。
3) 韓国語の直訳では「高位経営人及び理事会」であるが，日本で一般的な「役員及び取締役会」とした。
4) 中央政府および地域政府に限ってみた場合である。
5) 附属書Ⅱに列挙された措置は，ルールに合わせる必要はなく，自由化に逆行する変更も可能である。そして附属書Ⅰ，Ⅱに列挙されない措置は，ルールに合っていない場合，ルールに合わせるべく改めることが求められる。
6) 「金融サービス」については，附属書Ⅲ（A節）に列挙された措置が該当する。

7) 政府の反論は，外交通商部「わかりやすく書いた，いわゆる米韓FTA毒素条項主張に対する反論」(2011年1月)による。
8) 「金融サービス」については，附属書Ⅲ (A節) である。
9) 外交通商部ホームページによる。なお，WTO・SPS協定についての一般的な記述は，RIETIホームページ，コラム第237回，山下一仁「BSEとSPS (衛生植物検疫措置)」による。
10) 未来最恵国待遇の事実関係および政府による反論は，外交通商部「わかりやすく書いた，いわゆる米韓FTA毒素条項主張に対する反論」(2011年1月)による。
11) 2015年の合計は100億ウォン単位，それ以外は10億ウォン単位を四捨五入した。
12) 牛肉加工品などを除く。
13) ソーセージなどを除く。
14) 牛肉や豚肉の関税率やセーフガードについては，外交通商部「米韓FTA農業分野譲許重要内容」による。
15) 韓国農村経済研究院 (2012) による。10億ウォン単位の数値で増加率を計算した。
16) チェセギュン博士に対するヒアリング調査結果による。
17) 韓国農村経済研究院 (2011) による。
18) 「民主党の米韓FTA再協商案 [10＋2] に対する政府の立場」(韓国政府の関係部処で共同作成，2011年7月)による。
19) 為替やアメリカ国内での生産コストの変動によってもアメリカ産牛肉の価格は変動するが，これらの事情を一定とした場合である。
20) 注15) に同じ。
21) チェセギュン副院長は，養豚がある程度の競争力を有している理由として，土地利用型農業ではないので，農地面積が小さい韓国が不利な状況に置かれていないことを挙げている。
22) ソジンギョ他 (2004) による。
23) 日本の税率は778％ (従価税ベース) である。

〈第2章のまとめ〉

・**主張1：ラチェット条項**

> 一度開放された水準は，いかなる場合にも逆に戻せない。例えば，牛肉輸入自由化の後は，狂牛病が発生した場合でも，輸入を中断できない。

[韓国政府などによる反論]

　ラチェット条項は，投資，サービス貿易（金融サービスを含む）にしか置かれていないので，物品貿易に関する措置は関係がありません。投資やサービス貿易に関する措置についても，例外なく義務（内国民待遇，最恵国待遇など）が課せられる措置についても関係がありません。関係があるのは，義務の一部を課さない，例外として認められた措置（附属書Ⅰ，Ⅱに列挙されています）のうち，現状維持義務が課されたもの，すなわち附属書Ⅰ（現状維持義務留保表）に列挙されたものだけです。

　政府のすべての措置がラチェット条項にしばられるかの主張は間違いであり，しばられる措置はごく一部に限定されています。

・**主張2：未来最恵国待遇**

> 将来，他国とアメリカより高い水準の市場開放を約束する場合，その市場開放の水準が自動的に米韓FTAにも反映される。

[韓国政府などによる反論]

　未来最恵国待遇も，投資，サービス貿易（金融サービスを含む）にしか置かれていないので，物品貿易に関する措置は関係がありません（農産品には適用されません）。またサービス分野のうち脆弱で保護しなければならないものは留保しています。留保されたサービス分野については，他国とのFTAで，米韓FTAで定められているより高い

水準の自由化が進んだ場合でも，アメリカとの関係でその水準に合わせる必要はありません。

・**主張3：農業壊滅**

> コメは守ったが，畜産などその他の農産品は，関税撤廃により壊滅する。

[韓国政府などによる反論]

確かに牛肉を始め，自由化される農産品の生産額は減少するとの試算があります。最大の生産減少額が予想されている牛肉では，完全自由化後は10％程度の生産減が見込まれています。しかし生産減少額は，自由化がなければ生産できていたと考えられる額に対する減少額です。生産額が増加傾向にある牛肉は，自由化による生産額減をトレンドによる生産額増が上回る結果，自由化が完成する年には，現在より生産額が増加します。他の農産物にも同様なことがいえ，米韓FTAによって農業が壊滅することはありません。

第3章　公共政策
―― 韓国の公共政策はアメリカに乗っ取られることはない

　広辞苑（第六版）によれば公共政策は「公共の利益を増進させるための政府の政策」です。また日本公共政策学会は，「『公共政策』とは，国や地方自治体が実施するさまざまな施策のことです。公共政策には，公園の設置やゴミ収集や道路の整備のような身近なものから，地域活性化政策，経済政策や外交政策などにいたるまで，さまざまなレベルのものがあり，多岐にわたって私たちの生活に深くかかわっています」としています。このように公共政策は，国民の生活を大きく左右するものであり，国や地方自治体が責任をもって実施しています。

　しかし米韓FTAが締結されると，「韓国政府は公共政策を自主的に行う権利を失ってしまう」といった主張があります。さらには，「公共政策がアメリカに乗っ取られてしまう。その際，アメリカは自らの利益を最優先し，韓国国民の利益は考慮しないため，韓国国民が受ける公共サービスの質が大きく低下してしまう」といった指摘もあります。本章では，米韓FTAによって，本当に韓国の公共政策がアメリカに乗っ取られる事態が生じ得るのかについて取り扱います。

　韓国が公共政策の自律権を失うとする主張の根拠には，米韓FTAのなかにある「非違反提訴」，「間接収用」の2つに関する条項があると考えられます。ここからみていきましょう。

第3章 公共政策——韓国の公共政策はアメリカに乗っ取られることはない

1. 非違反提訴のハードルは高い

　最初に「非違反提訴」です。これは，米韓FTAの第22章（制度規定及び紛争解決），B節（紛争解決手続き），第22.4条（適用範囲）に関するものです。B節では，協定に基づく締約国間の紛争に関して規定されており，紛争解決手続きは，①締約国間の協議，②合同委員会への付託，③紛争解決パネルを設置，④パネルが報告書提出，⑤被申立国によるパネル裁定結果の履行，という流れで進みます。[2]

　このような紛争解決手続きに付託できる案件は，一般的に，①当該協定の解釈及び適用に関する案件のみ認められる場合，②協定の解釈・適用に加えて，当該協定に違反しない措置についても，当事国の協定上の利益が無効化されているとして，当該措置に関する案件を付託することを認める場合，の2つに大別できます。米韓FTAは後者であり，NAFTAや韓・シンガポールFTAも後者です。一方で，日本が締結しているすべてのEPAは前者です。[3]

　米韓FTAの第22.4条では，紛争解決手続きが適用される範囲が定められており，ここに，協定に違反しない措置であっても，自国に発生することが合理的に期待される利益が無効化あるいは侵害された場合，この手続きが適用されると規定されています。この規定による提訴が「非違反提訴」と呼ばれています（日本では「非違反申し立て」とされています）。なお「非違反提訴」は，WTO紛争解決手続きでも認められています。

　「非違反提訴」を定めた条項（以下「非違反提訴条項」）を「毒素条項」と主張する人は，「FTA協定文に違反しない場合でも，政府の税金，補助金，不公正取引是正措置など政策により，"期待する利益"を得られなかったことを根拠として，投資家が相手国を国

際仲裁機関に提訴できる。資本や企業が自分らの経営失敗で期待利益を得られなかった場合でも，韓国政府を相手に訴訟を提起できる」ことを懸念しています。

これに対して韓国政府は以下の点を挙げて反論しています。[4] まず，「非違反提訴」は第1章で取り上げた ISDS（投資家対国家の紛争解決）のように，投資家が国家を訴える場合には使えない点です。「非違反提訴」が関係する第22章B項では紛争解決手続きが定められていますが，これは国家対国家の紛争解決手続きに限られ，投資家は提訴できません。つまり「非違反提訴」条項が毒素条項であるとの主張は，「非違反提訴」が可能な，国家対国家の紛争解決手続きと ISDS（投資家対国家の紛争解決）手続きを混同しています。[5] ISDS 手続きでは「非違反提訴」ができないため，韓国に投資したアメリカの投資家が，韓国政府が講じた措置のため期待した利益が得られなかったからといって，韓国政府を提訴することは不可能です。

なおアメリカ政府が企業を代弁して，国家対国家の紛争解決手続きを通して「非違反提訴」を行うのでは，との再反論がなされるかもしれません。しかし「非違反提訴」は簡単にできるものではありません。「非違反提訴」をするためには，提訴国は，①訴えられる国の措置によって，提訴国の協定上の利益が無効化あるいは侵害された点，②提訴国がこのような侵害や無効化を合理的に予測できなかった点を証明しなければなりません。この提訴国の立証責任のハードルは高いのです。そして，1995年にWTO体制がスタートしてから，「非違反提訴」がなされた事案は3件に過ぎません。上記3件のなかで，2件はアメリカが，1件はカナダが提訴したのですが，すべて提訴国が敗訴しています。[6]

つまり「非違反提訴」は，投資家が提訴できる ISDS 手続きとは

第3章　公共政策——韓国の公共政策はアメリカに乗っ取られることはない

関係がない点，国家対国家の紛争解決手続きにおいて提訴する場合もそのハードルが高い点を勘案すれば，「非違反提訴」によって，「韓国政府が講じた公共政策に関して，韓国政府がことあるごとに提訴され，結果として公共政策の自律権が脅かされる」ことにはなりそうもありません。

2. 間接収用の認定には相当程度の剥奪が必要

次に「間接収用」についてみてみましょう。第11章（投資）第11.6条（収用及び補償）では，投資財産の収用について定めており，韓国およびアメリカは，相手国の投資財産の収用や国有化あるいはそれと同等な措置を取ってはならないとされています。

最初の問題は，政府側が講じた施策を「収容，国有化，それと同等の措置」と判断する基準です。

どのようなケースが間接収用になるか

収用や国有化（これは「直接収用」と呼ばれます）は，政府が国有化を公式に宣言するなどして，投資家から投資財産を剥奪するわけですから，提訴された場合，国際仲裁機関などが，収用であるか否かを判断するのは難しいことではありません。一方で，「収用や国有化と同等な措置」（これは「間接収用」と呼ばれます）については，判断が簡単ではありません。間接収用を他の言葉で説明しますと，「締約国による恣意的な許認可の剥奪や生産の上限の設定といった政策的な措置によって投資財産の利用や収益機会が阻害され，結果的に収用と同じ結果をもたらす措置」[7]です。

重要な点は，投資財産に損害を与えるすべての政府の措置が間接

収用とされるわけではないことです。そして,最大の問題となるのは,どのようにして「補償の必要な収用(間接収用)」と「(補償の必要のない)規制」を区別するかということです。[8]

そこで一般的にはどのように区別される傾向にあるのか,過去の仲裁例から明らかにした論文があります。この論文によれば,仲裁においては収用を認めるにあたって侵害の程度を詳細に検討し,「相当程度の剥奪」といえるほどの侵害がなければ,間接収用とは認められないようです。そして間接収用に関する主張の多くが「相当程度の剥奪」水準に至らないことを理由に否定されています。また規制の妥当性や正当性の判断次第では,収用ではないとされることもあるようです。[9]

公共福祉に資する政策は間接収用にならない

さて米韓FTAに話を戻します。「間接収用」を定めた条項(以下「間接収用条項」)が毒素条項であると主張する人は,「政府の政策や規定により発生した,間接的損害にも補償しなければならない」ことを懸念しています。具体的には,「韓国政府が環境や健康にかかる規制を強化した場合,これをアメリカ企業が間接収用であるとして訴える」→「これらの規制強化は間接収用と判断され,補償金の支払いが命じられる」→「環境や健康にかかる規制を強化する必要が生じても,韓国政府は補償を恐れ規制の強化ができなくなる」といったロジックを考えているのかもしれません。

これに対しても韓国政府は以下の点を挙げて反論をしています。[10]
第一は,「相当程度の剥奪」の剥奪がない限り間接収用には当たらない点です。直接収用は,政府による個人財産の没収に近い行為であり,政府が企業の財産権を剥奪する行為を意味します。一方で,

間接収用は，直接収用と同じように財産権の法的権利が移転されるわけではありませんが，政府の措置によって，営業活動の継続が不可能となり，事実上財産権が剥奪される場合を意味します。したがって米韓FTAは，「政府の施策で被害を被ったら何でも補償するように」と規定しているわけではありません。

　第二は，「特に正当な公共福祉のための措置は原則的に間接収用にならない」点です。米韓FTAでは，附属書11-Bで「公衆保険，安全，環境および不動産価格安定化のような正当な公共福祉のための措置は，原則的に間接収用にならない」点を示しています。

　よって韓国政府による反論や，間接収用に関する先行研究を勘案する限り，政府の政策や規定により発生した，間接的損害に補償しなければならないケースに当たるには，高いハードルがあり，特に公共福祉のための措置による損害の場合は原則的には補償されないと考えられます。

　なお「韓国政府は公共政策を自主的に行う権利を失ってしまう」といった主張が妥当か検討する際には，公共政策や公共サービスの多くについては，米韓FTAの適用除外となる，あるいは政策の権限が留保されるなどの扱いを受けていることを知ることが重要です。これは数が多いため表3-1にまとめました。

3. 政府の政策は影響を受けない

　さて総論だけではイメージがわきにくいので，具体的な事例として，(1)エネルギー分野の公共政策に影響するのではないか，(2)国民健康保険が崩壊するのではないか，(3)グリーンベルトなどの規制に影響が生じるのではないかという反対派の主張に絞ってみていきます。

表 3-1 米韓 FTA が全面的にあるいは一部適用されない公共政策，公共サービス

類型	具体的な公共政策，公共サービス
協定の適用排除	・公共退職制度・法定社会保障制度 　→公共退職制度（例：国民年金）および法定社会保障制度（例：国民健康保険，雇用保健，労災保険）
	・中央銀行・通貨当局による金融サービス 　→中央銀行（韓国銀行），通貨関連国家機関（企画財政部など），国家により所有されるあるいは統制される金融機関（産業銀行，企業銀行など）により供給されるサービス
	・国策金融機関 　→国策金融機関（預金保険公社，輸出入銀行，韓国輸出保険公社，信用保証基金，資産管理公社など）
	・政府提供公共サービス 　→政府の権限行使により供給されるサービス（消防，警察，矯正サービスなど）
	・補助金 　→米韓 FTA では補助金規定不在（特に，補助金に対しては投資サービス関連義務適用除外を明示）
	・賭博および賭け事サービス
一般的例外	・食品，農業，繊維，原産地，貿易円滑化，SPS，TBT（第2～4章，第6～9章）に対して，GATT 第20条の一般的例外が適用
	・サービス，通信，電子取引（第12，14，15章）に対して，GATS 第14条の一般的例外が適用
	・必須的安全保障 　→韓国に必須的な安全利益保護のため必要と「韓国が判断した」措置は協定全体の例外
	・非差別的課税措置
	・非差別的通貨・信用・為替措置
	・健全性措置 　→①金融消費者保護，②金融機関健全性，③金融制度の安全性のための健全性措置
	・韓国外国為替取引法第6条上の短期セーフガード措置
	・間接収用例外 　→公共福祉（公衆衛生，安全，環境，不動産など）のための非差別的規制は間接収用を構成せず

類型	具体的な公共政策，公共サービス
個別分野の政策権限確保	・政府調達 →学校給食用食品の国内産農産物優先購買 →中小企業製品優先購買 → MRO（消耗性行政用品）供給業者を中小企業に制限 →農林水産畜産物公共備蓄制度維持 →民間投資事業発注時中小企業の参加奨励 →緊急状況時，国産医薬品優先購買など国民の生命・健康保護のため必要な調達関連自律性確保
	・金融 →政府支援機関（産業銀行，企業銀行，住宅金融公社，農協，水協）に対する租税免除，債券保証，損失補填など特別待遇を付与できる権限維持 →保険会社，銀行，相互貯蓄銀行の中小企業貸出義務維持 →預金・貸出利子率，預金満期および関連手数料を制限することができる権限維持
	・公共サービス →政府が独占を指定して公企業を設立・運営する権限と公共サービス料金承認権限維持 →公企業民営化および政府権限行使サービス民間移譲に対する政府の包括的権限維持
	・外国人投資誘致 →公共秩序維持のため投資設立・引受に対する制限措置採択可能
	・知的財産権 →医薬品など特許に対する強制実施権発動権限維持
現在留保・将来留保	＊留保対象義務 　（投資分野 4：内国民待遇，最恵国待遇，履行要件付加禁止，高位経営陣および理事会の国籍制限禁止） 　（サービス分野 4：内国民待遇，最恵国待遇，市場アクセス，現地における拠点） ・投資―サービス分野現在留保（ラチェット条項あり）47 ・投資―サービス分野将来留保（ラチェット条項なし）44 ・金融分野　現在・将来留保 18

(出所) 外交通商部「米韓 FTA の公共政策自立権確保現況」（報道資料：2011 年 10 月 31 日）から引用。

エネルギー政策の乗っ取りは不可能

　まず「エネルギー分野の公共政策に影響する」という主張ですが，電力分野に関連する反対派やマスコミなどの主張を知識経済部がまとめています。具体的には，①米韓FTAが電力産業に対する外国人所有を認定，②アメリカがFTAの条項を根拠に民営化圧力をかけることができる，③外国人投資家は電気料金規制を対象にISDS手続きにより提訴が可能などを挙げており，それぞれについて知識経済部が反論しています。[11]

　第一に「米韓FTAが電力産業に対する外国人所有を認定」です。ハンギョレ新聞は，米韓FTAは韓国電力公社持分の40％まで外国人所有を認めたと報道しています。[12] 確かに米韓FTAでは上記のような外国人所有を認めています。しかし重要な点は，米韓FTAでは電力産業に対する，現行の外国人持分所有制限に変更を加えていないことです。韓国電力公社（KEPCO）については，外国人の持分の上限は40％（筆頭株主不可），1人当たり3％とされています。[13] また韓国水力原子力発電会社の株式を外国人がもつことは許されていません。[14] これらは米韓FTAが発効する以前に法令によって決まっていました。そして米韓FTAでは附属書Ⅰの45番で現行の外国人所有制限をそのまま掲げています。つまり米韓FTAによって開放の程度が高まったわけではありません。

　第二に「アメリカがFTAの条項を根拠に民営化圧力をかけることができる」です。これに対する政府の立場は，民営化に関する権限は韓国政府が持ち続けるというものです。この根拠は附属書Ⅱです。附属書Ⅱは将来留保，つまり現状維持義務のない（ラチェット条項が適用されない）留保措置が列挙されていますが，その2番目に，「大韓民国は公企業または政府機関が保有している持分または

第3章　公共政策——韓国の公共政策はアメリカに乗っ取られることはない

資産の移転や処分と関連して，いかなる措置も採択することや維持する権利を留保する」と書かれています。よって，例えば，韓国政府の決定にしたがって，発電子会社の持分を売却する場合でも，内国民にのみ対象を限ることもできます。いずれにせよ，エネルギー関連にとどまらず，米韓 FTA によって，韓国政府が公企業などの民営化を余儀なくされることはありません。

　第三に「外国人投資家は電気料金規制を対象に ISDS 手続きによる提訴が可能」です。この主張の根拠は第 16 章（競争関連事案），第 16.2 条第 1 項（b）号にあります。毎日経済新聞は，第 16 章の指定独占条項は，電気，水道，ガス，鉄道など公共料金は，商業的判断により策定することを原則とすると規定している点を指摘しています。そして 3 年間連続して赤字が続いている韓国電力公社が，電力料金を引き上げるとした場合，政府が物価を考慮してこれを止めることができなくなるとしています[15]。

　これが正しければ，政府が電気料金を据え置いた場合，アメリカの投資家が ISDS 手続きにより提訴する可能性が出てくるでしょう。しかし実際は提訴できません。この根拠は，第 16 章（競争関連事案），第 16.2 条第 1 項（b）号の後段および脚注 3 です。確かに（b）号の前段には，指定独占は原則的に一般民間企業のように商業的考慮により活動することを規定しています。しかし（b）号の後段と脚注 3 に，政府が指定した要件（料金など）に従う場合は，同原則が適用されないことを明示しています[16]。よって，政府が公共サービス料金を承認する権限は維持されています。つまり，政府の料金規制を ISDS 手続きによって提訴しようにも，その料金規制は米韓 FTA 違反ではないため，提訴する根拠がありません。

　以上，マスコミなどの主張とそれに対する韓国政府の反論を紹介

しました。ここまでは電力のみを扱ってきましたが，電力以外にもガスなどのエネルギー分野に関する政策も，電力と同様に影響を受けないと考えられます。以上を勘案すれば，「エネルギー分野の公共政策に影響」といった主張には無理があるといえそうです。

国民健康保険は崩壊しない

次に「国民健康保険が崩壊」との主張をみていきましょう。連合ニュースは，国民健康保険がISDS手続きにより提訴される可能性について言及しています[17]。ここではFTAの賛成派および反対派の主張を紹介していますが，反対派の主張は，「アメリカの保険会社が，国民健康保険加入義務，療養機関当然指定制[18]を問題視し，韓国の健康保険制度を提訴することができる」といったものです。そして反対派は，このような状況で国民健康保険の補償範囲が広がれば，アメリカの民間保険会社が，自らが販売する保険商品の販売利益が減少する結果につながると主張でき，これを根拠にISDS手続きを利用して，国際仲裁機関に提訴することができると憂慮していると指摘しています。

これに対して韓国政府は，国民健康保険など法定社会保障制度は協定適用自体が排除されているため（第13.1条第3項），国民健康保険と関連したISDS手続きによる提訴が行われるとは考えられないと反論しています[19]。確かに，そもそも協定の適用除外とされている国民健康保険がISDS手続きにより提訴されるとの主張には無理があるようにみえます。よって，国民健康保険が崩壊することもなさそうです。

グリーンベルトなど環境対策も安泰

　最後に「グリーンベルトなどの規制に影響を与える」です。グリーンベルトとは，開発制限区域の通称です。開発制限区域の指定により，都市の無秩序な拡散の防止と，都市周辺の自然・生活環境の確保を目的にしています。ハンギョレ新聞は，国土研究院が出した[20]報告書の結論を紹介しています。この報告書は，公共の福祉のための国家の正当な規制であっても，「まれな状況」と判断されれば間接収用に該当し，開発制限区域などがこのように判断されることがあり得ると結論づけています。

　確かに附属書Ⅱ-Bでは，「行為が目的や効果に照らして，極めて激しい，あるいは不均衡であるといったまれな状況」においては，公共福祉を目的とした非差別的な措置といえども，間接収用に当たるとしています。よって国土研究院の研究結果が正しければ，グリーンベルトにかかる規制を変更した場合，間接収用と判断され，補償する必要が生じてしまいます。

　これに対して韓国政府は，① 公衆保健，安全，環境および不動産価格安定化政策のような公共福祉目的の規制は間接収用の例外として明示されている，② グリーンベルトなど用途制限や地区指定は，公共福祉を目的とする非差別的な規制政策に該当するため，原則的に間接収用には当たらない，③ アメリカやドイツなども類似の用途制限政策を運用しており，これは間接収用に当たらないことがアメリカやドイツの専門家の共通認識であるとの点を挙げて反論しています[21]。ポイントは ③ であり，グリーンベルトに関しては，「まれな状況」ではないといった共通認識ができているため，間接収用ではないと判断しているわけです。

ここまで，韓国の公共政策はアメリカに「乗っ取られる」とした主張と，それに対する政府の反論を紹介しつつ検討してきました。まず「非違反提訴」については，国家対国家の紛争解決手続きと，ISDS 手続きを混同した間違いであると思われます。「間接収用」については，政府の規制などの措置によっては間接収用と判断され，補償する必要が生じます（ただし規制を撤回する必要はなく，補償すれば足ります）。間接収用として判断されるためのハードルは高いといえますが，政府は何をやってもいいわけではありません。その意味からは，政府の公共政策の自律権は 100％確保できるとまではいえませんが，政府の措置の自由度が相当程度失われると断じることもできないでしょう。つまり，米韓 FTA の締結により，韓国の「公共政策」をアメリカが乗っ取ることは「ない」といえます。

注

1) 日本公共政策学会ホームページより引用。
2) 日本貿易振興機構（2008）163-164 ページによる。
3) 経済産業省（2012）764 ページによる。
4) 政府による反論は，外交通商部「わかりやすく書いた，いわゆる米韓 FTA 毒素条項主張に対する反論」（2011 年 1 月）による。
5) 「非違反提訴」は，米韓 FTA の協定文のあらゆる分野で可能なわけではない。適用される分野は，第 2 章，第 3 章，第 4 章，第 6 章，第 12 章，第 17 章，第 18 章である。
6) 立証責任に関する説明は，外交通商部「わかりやすく書いた，いわゆる米韓 FTA 毒素条項主張に対する反論」（2011 年 1 月）による。なお滝川（2010：29）は，「非違反提訴」の条件として，① 無効化あるいは侵害された利益が存在することを示す，② 対象となる輸出国の措置を特定する，③ 輸入国による措置と無効化・侵害利益の因果関係を示すことを挙げている。さらに滝川（2010：28）は，WTO

紛争解決手続きにおいて、例外的な場合でなければ加盟国は「非違反提訴」を行ってはならないことがパネル報告により確立しているとした。

7) 経済産業省（2012）632ページを引用。
8) 松本（2010）121ページによる。
9) 松本（2010）133ページによる。
10) 政府による反論は、外交通商部「わかりやすく書いた、いわゆる米韓FTA毒素条項主張に対する反論」（2011年1月）による。
11) 知識経済部による反論は、知識経済部「米韓FTAがエネルギー分野公共政策に与える影響」（報道資料：2011年11月29日）による。
12) ハンギョレ新聞「電気・ガス民営化、強い圧迫……料金規制したらISDブーメラン」（2011年11月25日）。
13) 資本市場法第168条、同施行令187条、韓国電力公社定款第12条が根拠である。
14) 外国人投資促進法第4条、外国人投資及び技術導入に関する規定第5条別表2が根拠である。
15) 毎日経済新聞「電気料引き上げ"FTA変数"……"商業的判断"条項」（2011年11月24日）。
16) 政府の反論は、外交通商部「"電気料引き上げ'FTA変数'……'商業的判断'条項"毎日経済記事（11.24）関連」（報道資料：2011年11月24日）による。
17) 連合ニュース「米韓FTA'交錯した主張'……真実とは何か」（2011年11月14日）。
18) 医療機関や薬局が別途の申請や指定手続きなしに、国民健康保険加入者に対して医療サービスを提供する制度である。
19) 外交通商部「"米韓FTA'交錯した主張'……真実とは何か"連合ニュース企画記事（11.14）関連」（報道資料：2011年11月15日）などによる。
20) 深川（2002）249ページを参照。
21) 外交通商部「"グリーンベルト指定など公共規制'間接収用'該当し訴訟対象"ハンギョレ新聞記事（11.25）関連」（報道資料：2011年11月26日）による。

〈第3章のまとめ〉

・主張1：非違反提訴

> FTAの協定文に違反しなかった場合でも，政府の税金，補助金，不公正取引是正措置などの政策により，「期待する利益」を得られなかった場合，投資家が相手国を国際仲裁機関に提訴できる。

［韓国政府などによる反論］

　非違反提訴は，投資家は利用できず，国家対国家の紛争に限られます。さらに非違反提訴は，訴える側の国に高度な立証責任が負わされ，極めてハードルが高くなっています。よってWTO体制が発足してから，提訴件数は3件に過ぎませんが，すべて訴えた側の国の敗訴に終わっています。

・主張2：間接収用

> 政府の政策や規制により発生した間接的な損害にまで補償しなければならず，規制強化などに対する訴訟により，政府の公共政策が制約される。

［韓国政府などによる反論］

　間接収用と認定されるためには，政府の措置によって営業活動が継続できなくなり，事実上財産権が剥奪されるといった「相当程度の剥奪」がなければなりません。また正当な公共福祉のための措置（公衆保健，安全，環境，不動産価格安定など）は，間接収用になりません。多くの政府の措置はそもそも間接収用とは無縁であり，引っかかる可能性のある措置についても，間接収用として認定されるためのハードルが高くなっています。よって政府の公共政策が制約されることはありません。

第3章　公共政策——韓国の公共政策はアメリカに乗っ取られることはない

・**主張3：エネルギー政策や健康保険制度が崩壊**

〈エネルギー政策〉
・電力会社の株式を40％まで外国人は所有できるようになり，アメリカがエネルギー政策に影響力をもつ。
・アメリカが電力会社の民営化圧力をかけることができる。
・外国人投資家はISDS手続きにより，電気料金規制に対し提訴できる。

〈健康保険制度〉
・アメリカの民間保険会社が，自ら販売する保険商品の販売益が減少するとして，ISDS手続きを利用して，国際仲裁機関に提訴することができる。

［韓国政府などによる反論］
〈エネルギー政策〉　米韓FTAでは，韓国電力公社の外国人持分は40％まで許容されていますが，これはFTAとは関係なく以前から認められていた比率です。また電力会社の民営化の権限は，韓国政府が持ち続けることがFTAの条項から読み取れます。よって，アメリカが民営化圧力をかけることはできません。また政府が公共サービス料金を承認する権限が維持されることも，FTAの条項から読み取れます。よって料金規制はFTA違反ではないので，アメリカ企業は，ISDS手続きによって提訴することはできません。

〈健康保険制度〉　国民健康保険など法定社会保障制度は，米韓FTAの適用から除外されているので，アメリカ企業は，ISDS手続きによって提訴することはできません。

第4章 サービス貿易
―― アダルト産業が野放しになることはない

　本章ではサービス貿易を取り上げます。さて，サービス貿易のFTA締結で韓国が被るデメリットについては，(1) ネガティブリスト方式，(2) サービス非設立権認定，(3) 郵便事業の開放の3つが挙げられています。ネガティブリスト方式と非設立権については，それぞれ毒素条項とみなされています。また郵便事業の開放は毒素条項には含まれていませんが，主に日本で問題視されています。

　以下順を追って，(1)〜(3) が韓国にとって不平等であり，経済・社会に悪影響を与えるのか，あるいは単なる誤解なのかを考察していきます。日本でも問題視されている郵便事業の開放については，とくに詳しく取り上げます。

1. ネガティブリストでも問題なし

　まず，ネガティブリスト方式です。サービス貿易には，FTAによって義務が課される範囲を決める方法が2つあります。一つはポジティブリスト方式であり，協定の義務が課されるサービスをリスト上に列挙していくものです。そしてもう一つがネガティブリスト方式です。

　この方式はその名の通りポジティブリスト方式の逆で，原則としてすべてのサービスに協定の義務が課され，リストに列挙されたサ

第4章 サービス貿易——アダルト産業が野放しになることはない

ービスは対象外となります。米韓FTAでは後者，すなわちネガティブリスト方式が採用されています。この方式を問題視する人は，「賭博，アダルト産業，マルチ販売業などアメリカのサービス産業を，国内に無条件に受け入れなければならないのではないか」と懸念しています。

米韓FTAに定められたサービス貿易にかかる主要な義務は，①内国民待遇，②最恵国待遇，③市場アクセス制限措置の導入禁止，④現地駐在義務の賦課禁止の4つです。そこでそれぞれの具体的な内容を，韓国に課される義務といった観点から解説します。

内国民待遇は，アメリカのサービス供給者に対して，韓国のサービス供給者に比べて不利ではない待遇を与えること。最恵国待遇は，アメリカのサービス供給者に対して，第三国のサービス供給者に比べて不利ではない待遇を与えることです。市場アクセス制限措置の導入禁止は，韓国国内で，サービス供給者の数や事業の範囲を限定する量的制限するなどの規制の導入を禁止することです。現地駐在義務の賦課禁止は，アメリカのサービス供給者が韓国に事務所を設置するといった条件の要求を禁止することです。そしてアメリカに課される義務は，韓国をアメリカ，アメリカを韓国に置き換えたものとなります。

ネガティブ方式の下では，留保表に列挙されているサービスについては，協定上の義務を負う必要はありません（除外された義務に限ってですが）。ちなみに留保表には2種類あります。これは第2章で説明しましたので復習になります。

まずは「現在留保」を列挙した附属書Ⅰです。これに列挙されたサービスにかかる措置は，自由化に逆行する方向で変更することはできません。次は「将来留保」を列挙した附属書Ⅱです。これに列

挙されたサービスにかかる措置は，自由化に逆行する方向でも変更が可能です。なお米韓FTAにおいては，韓国側の現在留保は47分野，将来留保は44分野に対して，アメリカはそれぞれ12分野，6分野です[1]。

しかしこの留保表に列挙されたサービス分野には，アダルト産業，マルチ販売業は具体的には列挙されておらず，ここからだけでは，懸念されるようにアメリカのサービス提供者の参入を阻止できないようにもみえます。

でも，心配する必要はなさそうです。懸念される各種風俗サービスおよび公衆道徳を害するサービスについては，参入を阻止するための安全装置が設定されていると韓国政府は説明しています[2]。これは，米韓FTAがGATS（サービス貿易に対する一般協定）に規定されている「例外」を受け入れていることを指します。具体的には，米韓FTA第23.1条第2項において，GATS第14条を協定に統合すると規定しています。

GATS第14条は「一般的例外」を定めており，協定の規定が適用されない措置（例外措置）が列挙されています。そしてここでは，「公衆の道徳保護または公の秩序の維持のための必要な措置」については，政府は必要な措置を取れることを定めています。サービス貿易に対する偽装した制限となる様態で適用しないことといった条件は付されていますが，賭博サービス，アダルト産業，マルチ販売業は，米韓FTA第23.1条第2項（≒GATS第14条）にもとづき，規制することができると考えられます。

つまり義務を負うことが適当ではないサービス分野は留保表に列挙していますし，それ以外のサービス分野でも，公衆道徳を害するサービスなどは協定の対象外とされています。よってネガティブリ

スト方式が，韓国の経済・社会に悪影響を及ぼすものではないと判断できそうです。

2. 非設立権は多くのサービス分野で留保

続いてサービス非設立権認定です。米韓 FTA に定められたサービスに関する主要な義務の 4 番目は「現地駐在義務の賦課禁止」です。

米韓 FTA 第 12.5 条では，国境間サービス供給の条件として，他国のサービス供給者に対して，自国域内に代表事務所などの設立や維持を要求する，あるいは居住を要求することはできないと規定されています。つまりアメリカのサービス供給者は，アメリカにいながら韓国にサービスを提供できますが，韓国側は国内に設立されない企業を国内法で処罰することができません。よって，韓国でサービスを提供するアメリカ企業が不法行為を行った場合，処罰ができないのではないかと懸念されています。

ところで「そもそも現地に店なり事務所を置かないで，サービスの提供はできるのだろうか？」と不思議に思われるのではないでしょうか。

サービス取引には，WTO の定義で 4 つのモードがあります。そのなかでもモード 1 は，国境を越えるサービス取引であり，サービスの提供者と消費者がともにそれぞれの自国内にとどまり，サービスが動きます。例としては，電話で外国のコンサルタントを利用する，テレホンセンターの海外へのアウトソーシング，外国のカタログ通信販売を利用することなどが挙げられます[3]。モード 1 のサービス供給者は，自国内から相手国にサービスを提供するので，相手国

に拠点を設置する必要がないというわけです。

　しかし韓国政府によれば，多くのサービスについて「現地駐在義務の賦課禁止」に対する留保を設けています[4]。具体的には，建設サービス，道路旅客運送サービス，法律・会計・税務サービス，建築エンジニアリングサービス，獣医サービスなどです。これらのサービスは，政府が規制下におかない場合，韓国経済に不利益が生ずると判断したものと考えられます。よって「現地駐在義務の賦課禁止」も韓国の経済・社会に悪影響を与えないといえそうです。

3. 郵便事業は一部開放されるが影響は小さい

　第三は郵便事業の開放です。これはどちらかというと日本で「FTAを締結すると同じ目に遭う」と，問題視されています。韓国の事例をみてみましょう。

　韓国の郵政事業本部が手掛ける事業は，郵便事業，金融事業の2つに大きく分かれますが，本章では郵便事業について取り上げます。

　日本で指摘されている点としては，米韓FTAにより，韓国の郵便事業は，①郵便の独占事業から得る収入を民間と競合する事業に充てられなくなる，②独占の範囲を客観的な基準により決め，縮小することを迫られるなどが挙げられます。これに関連してハンギョレ新聞は，米韓FTAにより制限される公共領域は，郵便サービスであるとしています[5]。

　そして根拠として，国会に提出中の郵便法改正案によれば[6]，すべての国際書類配達サービスが民間に開放されるだけでなく，重量が350グラムを超える，あるいは郵便料金が通常の料金の10倍を超える場合にも民間が取り扱うことができるようになることを挙げて

います。

郵便事業は郵政事業本部が原則独占

　ここからは郵便事業の開放に関する懸念について，①韓国の郵便事業の概要について説明したうえで，②郵便事業の開放にかかる事実関係を確認し，③韓国政府の見解について紹介していきます。

　まず韓国の郵便事業の概要です。韓国では，1948年に政府機関として逓信部が設立され，郵便事業を担うこととなりました。逓信部は，1995年に情報通信部に改称されましたが，郵便事業について国家経営体制を維持しつつ，企業経営的な要素を取り入れるため，2000年に情報通信部の所属機関として郵政事業本部が創設されました。そして2008年に情報通信部が廃止されたことにともない，知識経済部の所属機関となり現在に至っています。よって政府そのものではないですが，政府所属機関によって運営されているため，民営化された日本とは経営体制が大きく異なっています。

　郵政事業本部の組織は管理部門を除くと，郵便事業団，預金事業団，保険事業団の大きく3つに分かれています。そして郵便事業は郵政事業本部が原則的に独占しています。事業本部の職員は，2010年で4万4261人（うち3万1291人は国家公務員），郵便局数は3559局です。

　これを日本と比較してみましょう。郵便局数は2万4319です。これは韓国より多いですが国土の広さや人口が異なることを考えると，単純に比較できません。そこで，人口当たりの数値をみると，日本では人口1万人当たり1.9局である一方で，韓国では0.7局です。また100平方キロメートル当たりでは，日本が6.4局，韓国が3.5局です。人口当たり，面積当たりでみても，ともに日本の郵便

局数が多くなっています[9]。

　概要をつかんだところで、郵便事業開放の事実関係について見ていきましょう（郵政事業のうち預金及び保険事業の開放については、次章で取り上げる金融サービスで解説します）。

郵便事業の一部は確かに独占から外れる

　米韓FTAの条文などで、郵便事業に関連して重要な内容をみます[10]。まずは附属書12−Bの特急配達サービスです。ここには、①署名日に存在する特急配達サービスの市場開放水準を維持する、②郵便サービス独占供給者（郵政事業本部のことです）が特急配達サービス供給において独占地位を濫用することを禁止する、③独占郵便サービスで得られた収益を特急配達サービスに転用することを禁止すると書かれています。

　次に附属書Ⅰ（韓国の現状維持義務留保表）では、①国際クーリエサービス供給時には国内に事務所を設置すること、②貨物運送業免許取得時に該当地域に事務所を設置すること、などが定められています。これは先述した「現地駐在義務の賦課禁止」（毒素条項では「サービス非設立権認定」）に対する留保であり、アメリカの国際クーリエサービス供給業者は韓国の規制下に置かれることとなります。

　また附属書簡では、協定の発効日までに郵便法の施行令を改正し、すべての国際書類配達サービスを、郵政当局による独占の例外に含むとされています。さらに非拘束書簡では、郵政当局による独占の例外を漸進的に拡大すること、5年以内に郵便法、関連法律、そして下位規定に対する改正を通じて、重量・価格などの客観的基準にもとづき、郵政当局の独占に対する例外を拡大することが示さ

れています。

　まず附属書12-Bからわかるように、米韓FTAの義務を履行するためには、郵便の独占事業から得る収入を民間と競合する事業に充てることができなくなります。また非拘束書簡においては、郵政当局の独占に対する例外拡大が示されていますが、具体的な拡大範囲は明示されていません。しかし2008年10月10日に国会に提出され、2011年11月22日に国会で可決された（同年12月2日公布）改正郵便法によって、350グラムを超える、あるいは郵便料金が大統領令で定められる通常郵便料金の10倍を超える郵便物については、民間の業者が取り扱うことができることになりました。また国際書類配達サービスも、国が独占する信書から除外することで、民間に完全に開放しました[11]。

　つまり米韓FTAによって、郵便の独占事業から得る収入を民間と競合する事業に充てられなくなり、独占の範囲が縮小されるといった点は事実といえます。そして後者は郵便法改正ですでに実現しています。これは郵便法改正案の提案理由書に、「米韓FTAを締結するための交渉で、郵便物の重量と料金を基準として、国の郵便独占範囲を緩和するように合意したことにより、国が独占する郵便事業の範囲を縮小する」と書かれていることからもわかります。ただし前者は、郵便の独占事業と民間と競合する事業については利益の区別が簡単ではなく、どのように義務を履行するかはまだ決まっていないと考えられます。

独占から外れる部分は10%強に過ぎない

　次に韓国政府の見解ですが、独占の範囲が縮小されたことについて、米韓FTAの締結が理由ではないと説明しています[12]。政府は、

① 現在(政府見解当時＝2011年11月2日)の郵便法上,郵政当局の信書独占規定は,現状に合っておらず,国内各種宅配業者,DHLやUPSなどの多国籍特急宅配業者が,数年前から書類配送業務を行っている,② 郵政事業本部側も,このような点を認めたうえで法改正を検討し,WTOドーハ・ラウンドのサービス交渉において,2003年に提出した第一次オファーに,特急宅配業種の新規開放を盛り込んでいるとの2点を指摘しています。つまり米韓FTAの締結がなくても,郵便の独占範囲の縮小は既定路線であったというわけです。

さらに,独占範囲縮小の程度を定量的にみてみましょう。郵政事業本部によると,縮小後の郵便独占範囲である,重量が350グラム以下,かつ基本料金の10倍(2700ウォン)以内の郵便物の市場規模は,1兆5000億ウォン(10年間)であり,全体の88.6％を占めています。つまり11.4％が独占範囲の縮小部分であり,この部分は郵政当局が民間業者と競争することとなります[13]。つまり独占範囲を縮小するといっても,9割近くは独占が引き続き維持されることとなります。

郵便事業の開放に対する懸念は,事実関係においては間違っていません。米韓FTAの義務を履行するためには,国の独占範囲を縮小しなければならず,独占事業から得る収入を特急配達サービスに転用することはできなくなります。

しかし,郵便事業の独占範囲縮小は既定路線であったとする政府の主張,また独占範囲が縮小された部分は,市場規模全体の10％を多少超える程度であることも考慮に入れる必要があります。

以上でサービス貿易について,問題点として指摘されていること

について政府の見解を中心に検討してきました。まず，ネガティブリスト方式ですが，韓国政府は，公益性の高い分野，今後政府規制が強化される可能性が高い重要サービス分野を開放対象から包括的に留保して，政府の規制権限を継続して保有しているとしています。

これに再反論する際には，抽象的に「ネガティブリスト方式はけしからん」という論法ではなく，政府が留保していない分野で具体的にどのような問題が生じるのか明らかにする必要があるでしょう。

サービス非設立権認定についても，韓国政府は，多くのサービスについて「現地駐在義務の賦課禁止」に対する留保を設けており，韓国の規制が及ぶとしています。よって再反論のためには，政府が留保していない分野で具体的にどのような問題が生じるのか明らかにする必要があります。

郵便事業の開放に対する懸念については，政府は，米韓FTAの締結がなくても，郵便の独占範囲の縮小は既定路線であったとしています。また独占範囲縮小の範囲も10％程度と小さなものです。これに対する再反論のためには，郵便の独占範囲縮小は既定路線でなかった点に加え，これが国の郵便事業を揺るがすものであり，さらには韓国の経済・社会に悪影響を及ぼす点を明確にする必要があります。

注

1) 外交通商部「わかりやすく書いた，いわゆる米韓FTA毒素条項主張に対する反論」（2011年1月）による。
2) 政府の説明は，外交通商部，同上より。またGATS第14条に関する部分は，外務省経済局サービス貿易室（1997）による。
3) 経済産業省「サービス協定（GATS）」，外務省ホームページ「サービス貿易の4態様」による。

4) 外交通商部「わかりやすく書いた，いわゆる米韓 FTA 毒素条項主張に対する反論」(2011 年 1 月) による。
5) ハンギョレ新聞「FTA で'メスを入れる法律'韓国は 23，アメリカは 4……アメリカ法を移植」(2011 年 11 月 2 日)。
6) 新聞記事当時である。郵便法改正案は 2011 年 11 月 22 日に国会で可決され，同年 12 月 2 日に公布されている。
7) 郵便事業の概要は造幣公社ホームページ，知識経済部・郵政事業本部 (2011) 18-19 ページ参照。
8) 郵便法第 2 条などにもとづく。
9) 韓国の郵便局数は知識経済部・郵政事業本部 (2011) 280 ページ，日本の郵便局数は郵便局ホームページ「郵便局局数表 (2010 年 12 月 31 日時点)」による。
10) 国会知識経済委員会「郵便法一部改正法律案検討報告書」(2011 年 10 月) による。
11) 注 10) に同じ。
12) 政府の見解は，外交通商部「"FTA'メスを入れる法律'韓国は 23，アメリカは 4……アメリカ法を移植"ハンギョレ新聞記事 (11.2) への外交通商部の立場」(報道資料：2011 年 11 月 2 日) による。
13) 注 10) に同じ。

〈第4章のまとめ〉

・**主張1：ネガティブリスト方式**

> ネガティブリスト方式であるので，このリストに載っていない賭博，アダルト産業，マルチ販売業など，アメリカのサービス産業を無条件に受け入れなければならない。

［韓国政府などによる反論］

　義務を負うことが適当ではないと考えられるサービス分野は，留保表に列挙しています。また，サービス貿易に対する一般協定（GATS）では，一般例外を定めた条文において，「公衆の道徳保護または公の秩序の維持のために必要な措置」を政府は講ずることができることを規定しています。米韓FTAでは，GATSの一般例外を定めた条文を，そのまま受け入れる旨，規定していますので，アダルト産業などのサービス分野はネガティブリストに列挙されていなくても，規制することが可能です。

・**主張2：サービス非設立権認定**

> 相手国に事業所を設立せずに営業できる。国内に存在しない会社を処罰できる法律がないため，サービス非設立権条項により，韓国はこれら企業に対して，課税や不法行為に対する処罰ができない。

［韓国政府などによる反論］

　韓国政府が規制下に置かない場合，問題が生ずると判断したサービス分野において「現地駐在義務の賦課禁止」に留保を付けています。具体的には，建設サービス，道路旅客運送サービス，法律・会計・税務サービス，建設エンジニアリングサービス，獣医サービスなどです。

・主張 3：郵便サービス

> 郵政事業本部は，独占事業から得る収入を民間と競合する事業に充てられなくなる。また独占の範囲が縮小される。

［韓国政府などによる反論］

　　独占の範囲が縮小される点は，米韓 FTA によって決まったことではなく，WTO ドーハ・ラウンドのサービス交渉の過程で方向性を出していました。よって規定路線でした。

第5章　金融サービス（1）
―― 郵便局保険が乗っ取られることは考えにくい

　第5章では金融サービスを扱います。金融サービスはそれ自体サービスの一分野であるのみならず，すべての経済活動のインフラの役割をも果たす重要なサービスです。よってGATS（サービス貿易の一般協定）でも，金融サービスに関する附属書が合意され，協定の適用範囲の明確化，金融サービス分野における例外規定などを別途定めています[1]。そして米韓FTAでも，一般的なサービスとは別に，金融サービスに関する章を独立して設けています（第13章）。

　金融サービスについては，米韓FTAによって金融および資本市場が完全に開放されることが懸念されています。そして韓国の金融市場が現在以上に国際投機資本の遊び場になるとして，金融サービスに関する条項についても毒素条項であると主張されています。また，(1)「郵政事業本部は，民間と同じ競争環境に置くことが義務づけられるため，新しい商品が販売できなくなる」，(2)「協同組合が提供する保険サービスには，民間業者より有利な競争条件を与えてはいけなくなる」，として，米韓FTAの金融サービスの条項が問題であるとする主張もあり，こちらは韓国よりも日本で盛り上がっています。

　そこで本章では，まず韓国より日本で盛り上がっている，この(1)と(2)の主張について取り上げます。

1. 米韓 FTA における金融サービスの扱い

　まず検討に先立ち，米韓 FTA で金融サービスがどのように扱われているのか確認します[2]。金融サービスについても，一般的なサービスと同様，(a) 内国民待遇，(b) 最恵国待遇，(c) 市場アクセス制限措置の導入禁止が義務づけられています。つまり別途，留保措置や具体的な約束がない限り，アメリカの金融サービス供給者は，韓国の金融市場に自由にアクセスすることが許され，外国のサービス供給者を差別できません。ただし金融委員会（日本の金融庁に相当）は，韓国もアメリカもすでに開放度が高いため，追加的に開放する範囲はきわめて限定的であり，保険仲介業の国境間取引，情報処理海外委託などに限られているとの見解を示しています。

　そして政府の規制については，金融システム安定および消費者保護を目的として，金融当局が健全性措置を取ることが可能とされ，別途留保した事項に対しては，市場アクセス制限措置の導入禁止や内国民待遇などに例外を認めています（よって金融サービスも，第 4 章にて解説した「ネガティブリスト」方式です）。さらに短期セーフガード措置が設けられ，経済危機時には急激な外貨流出入をコントロールできる仕組みもあります。

　先述したように，金融サービス分野は OECD 加入，1997 年の通貨危機を契機に，すでに大部分の分野で開放されています。とくに資本市場は，国際社会の要請もあり 1990 年代初頭から開放が始まりました。

　まず株式についてみてみましょう。1991 年まで外国人は原則として韓国の株式に投資できませんでしたが，1992 年 1 月に株式市場が開放され，上場株式に対する投資が可能となりました。ただし

銘柄ごとに外国人全体としての取得限度および一人当たりの取得限度が定められ，それぞれ発行株式数の10％，3％とされました。この取得限度は1997年以前から少しずつですが緩和され，1998年5月には外国人全体としての限度，一人当たりの限度がともに完全に撤廃されました。[3]

次に債券です。外国人の韓国債券に対する投資は，債券市場が十分に成熟していなかったうえ，内外金利差も大きかったことから，通貨危機以前は株式以上に強く規制されてきました。しかし1997年12月には，上場された会社債，国公債および特殊債について，外国人の投資が全面的に許容されました。[4]

よって韓国の金融サービスの開放はすでに進んでおり，先述したように韓国側のさらなる開放の余地はそれほど大きなものではありません。ただし金融サービスに関してまったく義務を負わなかったわけではなく，① 保険の取り扱いや保険仲介業の国境間取引の開放，② 農協などが扱う4大共済に対して民間保険会社と同一の支払い余力基準適用，③ 郵便局保険に対する金融委員会の監督強化などが，米韓FTAによって義務づけられました。そして①～③についてはおおむね法律改正などを行うことで，開放義務を履行しています。[5]

米韓FTAで金融サービスがどのように扱われているのか確認したところで，ここからは米韓FTAに対する懸念が妥当なものか否かについてみていきます。

2. 郵便局保険に対する規制は強化される

第一に「郵政事業本部は，民間と同じ競争環境に置くことが義務

づけられるため，新しい商品が販売できなくなる」についてです。これは毒素条項に関する議論では取り上げられておらず，あまり韓国では重視されていないように思えますが，日本において「大問題である」と盛り上がっており，関心をもたれている主張です。

これに関連して，民間と同じ競争環境に置くことによって，郵便局保険が弱体化し，最終的にはアメリカの保険会社が市場を奪うとのシナリオが現実化するとの懸念もあります。さらに，郵政事業本部が金融委員会に財務諸表を提出しなければならない，保険商品の広告に当たり保険会社と同一の認可要件が必要となる，新商品の販売禁止，既存商品を修正する際には金融委員会が勧告しなければならない点などを列挙して，これらがすべて問題であるとの主張もあります。

いずれにせよ，郵政事業と金融サービスとの関係では，問題とされている点は，郵便局保険に集中しています。

保険分野で大きな郵政事業本部の存在感

郵政事業本部の沿革や郵便事業については，第4章の「サービス貿易」で解説しましたので，その際に取り上げなかった金融分野に関する統計についてみてみます。まず預金残高は2010年の平均で50兆ウォンであり，GDPの4.2％に相当します。さらに保険の保有契約額は，2010年末で139兆ウォンであり，GDPの11.8％に相当します。

これを日本と比較してみましょう。ゆうちょ銀行の2010年度における預金平均残高は176兆円であり，GDPの36.7％です。またかんぽ生命の2010年度末における保険の保有契約額は20兆円であり，GDPの4.2％に相当します。よって預金残高の対GDP比は日

本の方が高く、保険の保有契約額については韓国の方が高いことがわかります[6]。

郵便局保険に多くの義務が課されたようにも見える

郵政事業本部の金融事業に関する相場観を得たところで、米韓FTAによって郵政の金融事業に課される義務、従来と変更しないことを確認した点についてみていきましょう[7]。米韓FTAで、郵政の金融事業に関係する部分として、①附属書13-d「一般人に対する郵政事業本部の保険供給」、②附属書簡の2つがあります。

まず前者を見ます。附属書13-d「一般人に対する郵政事業本部の保険供給」では、郵政事業本部が提供する保険サービスに対する規制は、民間サービス供給者より多くの競争上の恩恵を付与してはならないことが書かれています。また郵政事業本部が供給する保険サービスは、金融委員会が規制・監督権を行使し、民間の保険会社と同一の規則が適用されるように、実行可能な範囲で規定しなければならないとされています。

続いて後者の、米韓FTAの附属書簡です。ここでは、(1) 郵政事業本部を金融機関ではなく、政府機関として認定するとされています。これは、米韓FTAの第13条(金融サービス)で定められた義務を適用されず、知識経済部の所属機関である郵政事業本部が、郵便局保険に対する規制・監督権限を有していることを意味しています[8]。

また (2) 金融委員会が、郵便局金融危険管理委員会および積立金運営審議会における委員の半分以上を推薦する、(3) 郵政事業本部は金融委員会に、財務諸表および決算書類などを提出し、金融委員会から改善勧告を受けた場合、これに合わせる、(4) 郵政事業本

部の保険サービス広告に対しては，民営保険会社と同一の承認要件を適用する点などが記されています。(2)〜(4)は発効日より2年後に効力が発生します。

さらに，(5)変額生命保険，損害保険および退職保険を含む新しい保険商品の売り出しを禁止し，既存商品を修正する場合には金融委員会は勧告を提示する，(6)郵政事業本部は，保険価格限度を引き上げる時，金融委員会と協議して，金融委員会は引上げの公表および意見聴取の後，意見を提示することが示されています。そして(5)，(6)は発効日から効力が発生します。

(2)〜(6)をみると，郵便局預金や郵便局保険など金融事業は，金融委員会が規制・監督権限を有するようなったとも読めます。しかし消費者の保護や財務健全性に関する規制は強化されるとともに，金融委員会の関与が強まりますが，郵政事業本部が，郵便局預金や郵便局保険に対する規制・監督権限を有していることには変わりありません。

以上で，米韓FTAによって変更されない部分を示したとともに，郵政の金融事業に新たに課される義務を確認しましたが，事実関係については，日本における主張に大きな間違いはありません。しかし新たに課されることとなった義務が問題であると主張するためには，この義務が韓国経済・社会に不利益を与えるか否かの検証が必要です。

国会では米韓FTAの発効に備えて，「郵便局預金・保険に関する法律の一部を改正する法律案」（以下「改正郵便局預金・保険法」）を審議してきましたが，その検討報告書が上記の検証に役立ちます。よって以下ではその記述内容を紹介しつつ検討します。なお報告書は(3)，(5)について扱っていますので，検討する義務もそこ

第5章 金融サービス（1）——郵便局保険が乗っ取られることは考えにくい

に絞ります。[9)]

実質的に課された義務はほとんどない

まず，(3)「郵政事業本部は金融委員会に，基礎書類及び決算書類などを提出して，金融委員会の勧告事項がある場合，これに合わせる」です。韓国政府はこの義務を果たすために，2011年12月2日に公布された，改正郵便局預金・保険法第10条に第5項を新設し，「知識経済部長官は会計年度ごとに保険に決算が終わった時，財務諸表など決算書類を金融委員会に提出して協議しなければならない」ことを盛り込みました。

しかし，現在でも，郵政事業本部は，「郵便局保険健全性基準」（郵政事業本部公示第2010-52号）第47条および第48条にもとづき関連書類を提出しています。よって決算書類などの提出義務の根拠が法律に格上げされたとの意味はありますが，これまでも課されていた提出義務に変更を加えているわけではありません。

次に（5）の後段の部分，「既存商品を修正する場合には金融委員会は勧告を提示する」です。政府はこの義務を果たすために，改正郵便局預金・保険法第10条に第4項を新設し，「知識経済部長官は，保険の種類を修正する場合，「保険業法」第5条第3号による基礎資料などを金融委員会に提出して協議しなければならない」ことを盛り込みました。

しかし米韓FTAの義務を履行する以前も，知識経済部長官が保険の種類を定めようとする場合には，金融委員会と協議するように規定されていました（「郵便局保険健全性基準」（郵政事業本部公示第2010-52号）第41条）。そして保険商品を金融委員会と協議する際には，保険商品の基礎資料を金融委員会に提出しなければならなくな

っています。よってこの点についても，これまでも課されていた提出義務に変更を加えているわけではないといえそうです。

　一方で実際に規制が強化されるものもあります。(5) の前段部分，「変額生命保険，損害保険および退職保険を含む新しい保険商品の売り出しを禁止する」です。郵便局預金・保険法の第 28 条には，「保険の種類，契約保険料限度額，保険業務の取り扱いなどに必要な事項は知識経済部令に定める」ことが規定されています。そして同法の施行規則第 35 条には「法第 28 条による保険の種類は別表 1 に定める」と書かれ，別表 1 に，保険の種類が列挙されています。

　このようななか，政府は改正郵便局預金・保険法の付則〈第 11115 号，2011. 12. 2〉第 2 条に，「この法律の施行後は，第 28 条による知識経済部令に新しい保険種類を新設できない」と記し，(5) の前段の義務を履行するようにしています。つまり，これまで法律上，新商品の販売が規制されなかったところ，米韓 FTA による法改正により新商品の販売が禁止されたため，郵便局保険に対する規制が強まったといえます。このように法律上，新商品の販売ができなくなったのですが，実質的には米韓 FTA とは関係なく，郵便局保険が新商品を販売することは難しい状況でした。米韓 FTA では，変額保険，損害保険，退職保険が，新設できない保険の種類として具体的に示されています。

　情報通信政策研究院のパクジュンコン博士は，米韓 FTA が発効する以前も，郵便局保険が変額保険など新商品を開発して，販売することは国内生命保険会社の反発から難しかった点を指摘しています。さらに，郵便局保険は，これまで保険本来の機能をもつ保険，すなわち保障資産を担保とする商品を開発してきており，変額保険などの投資型商品を販売することは趣旨に合わないとしています。[10] つま

りこの主張によれば,変額保険などの新商品は,保険会社が販売する性質の保険であり,米韓FTAとは関係なく,郵便局保険が取り扱うべきではないわけです。

駐韓アメリカ商工会議所からさっそく圧力を受けた？

さらに最近は郵便局保険の加入限度額引上げが問題となっています。ハンギョレ新聞は,知識経済部が郵便局保険の加入限度を50％引上げる改正法令案を,米韓FTAに違反するという,駐韓アメリカ商工会議所（AMCHAM）からの抗議により撤回したと伝えました。そして米韓FTAが発効された後は,郵政事業本部が加入限度額を50％引き上げることが不可能になったと主張しています。[11]

これに対しては知識経済部（郵政事業本部）が以下のように反論しています。[12] まず郵政事業本部は,米韓FTAによる義務履行のため部令（郵便局預金・保険に関する法律施行規則を一部改正する部令案,以下「部令改正案」。ちなみに「部令」は,日本の「省令」に相当します）を改正するための立法予告を,2011年10月14日に行いました。

しかし,1997年から凍結されてきた郵便局保険の加入限度額を,物価上昇率を反映して増額することが必要であるとの意見を踏まえ,2011年11月11日に以前の立法予告を修正しました。立法予告とは,法令などを制定,改正あるいは廃止する場合,立法案を準備した行政機関がこれを国民に予告することで,国民からの意見を聴取する制度です。立法予告期間は,特段の事情がない限り20日以上である必要があり,立法予告以降に内容に大きな変更があった場合は,立法予告をやり直す必要があります。ただし例外的に立法予告を20日未満に短縮することができます。

当初の部令改正案は,立法予告期間を20日以上確保していまし

た。そのようななか，急遽，郵便局保険の加入限度額を引き上げる修正をしたのですが，立法予告の終了日を変えなかったため，修正後の部令改正案の予告期間が8日間だけになってしまいました。この結果，部令改正案については十分な意見集約ができていないとの批判が高まりました。

また国内の保険業界も郵便局保険の加入限度額の引上げに反対しました。これらの批判が出たことから，政府は部令改正案から，郵便局保険の加入限度額引上げ部分を削除することにしました。よって，韓国政府は郵便局保険の加入限度額引上げの取り下げは，駐韓アメリカ商工会議所の抗議によるものではないとしています。

さらに郵便局保険加入限度額の引上げは，郵便局預金・保険に関する法律にもとづき，金融委員会と協議をすれば可能です。そして知識経済部は，今後，保険市場に及ぼす影響に対する総合的な検討および関係行政機関との協議を経て，郵便局保険の加入限度額引上げを行うとしています。

つまり，郵便局保険の加入限度を引き上げるための部令改正案は，立法手続きの問題により一時的に取り下げられました。しかし，近い将来，きちんとした手続きを踏まえたうえで，この部令改正案を，韓国政府が再提出すると考えられます。

3. 共済優遇措置は近い将来消えることは確か

ここからは，第二の「協同組合が提供する保険サービス（＝共済）は，民間業者より有利な競争条件を与えてはいけなくなる」についての検討に入ります。

これも郵便局保険と同様，毒素条項に関する議論では取り上げら

れておらず，あまり韓国では重視されていないように思えますが，やはり日本では問題であると盛り上がっています。

米韓FTA附属書13-bの第6節「分野別共同組合が販売する保険」では，共同組合に関する規制は，これと同種の保険サービスを提供する民間保険会社より，有利なものであってはいけないとされています。そしてこの目的のため，金融委員会は，分野別共同組合が提供するサービスに対する規制監督権を行使しなければならないと書かれています。

また，米韓FTAの発効後3年以内に，農業協同組合中央会，水産業協同組合中央会，セマウル金庫連合会，信用協同組合中央会の支払能力が，金融委員会の規制対象となる点も規定されています。

これら協定文からは，協同組合が提供する共済は，民間業者より有利な競争条件を与えてはいけなくなることは間違いなさそうです。ただしこの取り決めによって，韓国の経済・社会的な利益が失われるのかについては検討する必要がありそうです。

検討に当たっては韓国の，(1) 主要な共済の概要，(2) 財務健全性を測る最重要な指標である支払余力比率の概要と算出方法の変更，(3) 保険や共済に課される支払余力比率に関する規制の違いについて知る必要がありますので，以下で解説していきます。

主要な共済はすでに金融委員会の検査を受けている

まず「主要な共済の概要」をみていきましょう[13]。上記の附属書で具体的に挙げられた組織が販売する共済，すなわち，水協共済，セマウル共済，信協共済が主要な共済といえます。農業協同組合中央会が扱う農協共済が抜けているのではと思う人もいるかもしれません。しかし農協共済は，2012年3月の経済事業（農畜産物の流通や

販売など) と金融事業の分離にともない，保険会社として保険業法の適用を受ける，NH農協生命，NH農協損害保険が担うこととなりました。よって共済の議論からは，旧農協共済は除外しています。

これらの共済は民営の保険と比べてさまざまな違いがありますが，所管官庁と監督に絞って確認します。まず所管官庁です。保険は金融委員会ですが (信協共済も)，水協共済は農林水産食品部，セマウル共済は行政安全部です。また監督方法も異なります。信協共済は保険と同様，金融委員会の監督と金融監督院の検査を受けます。[15]

一方で，水協共済は，農林水産食品部長官が監督し，監督上必要な時に命令を出します。[15] ただし契約者保護などの観点から，金融委員長と協議して，監督に必要な基準を決め，これを公示する必要があります。またセマウル共済も，行政安全部長官が監督しますが，水協共済と同様，監督基準は金融委員長との協議を経て決めなければなりません。

支払余力比率の基準は強化の方向

次に保険会社などの「財務健全性を測る最重要な指標である支払余力比率の概要と算出方法の変更」についてみていきましょう。支払能力は，契約の段階で約束された保険給付を相当程度の確度で保証するための財政的基盤がどの程度充実しているか，つまり保険会社が予想できない損失と費用が発生する場合に，バッファー機能がどの程度充実しているかで測ります。この支払能力については，水協中央会，セマウル金庫連合会，信協中央会 (以下「組合中央会」) に対して，民間の保険会社と同じ規制がかけられてきました。しかし2011年4月から保険会社についてのみ，支払能力に関する規制が強化されました。[16]

支払能力を測る指標の一つとして，支払余力比率があり，韓国では1999年から，この指標を使って，銀行の財務健全性を測っています[17]。支払余力比率は，（支払余力金額÷支払余力基準額）×100,との式で算出されます。支払余力金額とは，予想外の損失が発生した，あるいは資産価値が下落した場合でも，保険契約者に対する債務を十分に履行可能なように保有している財務的能力のことです。おおまかには，自己資本に相当する額であるといえるでしょう。支払余力基準額は，契約の段階で約束された保険給付を相当程度の確度で保証するための財政的基盤を金銭換算したものであり，経験則や危険度などを考慮して合理的に金額が算出されます。

なお保険業法施行令では，支給余力基準額を，「保険業を営むことによって発生する危険を，金融委員会が定める方法によって換算した金額」と定義しています。そして支払余力比率は，金融監督院による早期是正措置発動の基準の一つとされ，具体的には，100％を下回った保険会社に早期是正措置が発動することが定められています。2011年4月以前は，保険会社も組合中央会は，同じ方法で算出された支払余力比率によって支払能力が測られていたとともに，健全性に問題とされる下限がともに100％に設定されていたため，同一の規制がかけられていたといえます。

共済と民間生命保険は再び同じ土俵に

しかし2011年4月に，保険会社に適用される支払余力比率の算出方法が，従来の固定比率方式から，RBC方式に変更されました。固定比率方式とRBC方式の大きな違いは，支払余力比率の分母である支払余力基準額の算出方法です。単純化して述べると，固定比率方式では，支払余力基準額を，リスクを金銭換算するのではな

く，経験側などから得たリスクの代理変数により算出しています[18]。この方式は支払余力基準額を簡単に出せるといったメリットはありますが，リスクを正確に反映した額の算出はできません。

一方，RBC方式は，保険リスク（死亡率や事故率の変化などによるリスク），金利リスク（金利の変化にともなう資産と負債の変動などによるリスク），資産リスク（投資資産の価格変動などによるリスク），信用リスク（取引相手の債務不履行などによるリスク）を金銭換算した額から，支払余力基準額を算出しています。RBC方式で支払余力基準額を算出する際には手間がかかりますが，リスクをきちんと反映した額を導き出すことができます。

よって固定比率方式よりRBC方式で支払余力基準額を算出したほうが，保険会社の財務健全性を正確に把握することができ，アメリカを始め，日本，オーストラリア，イギリス，シンガポールなどがRBC方式を導入しています[19]。

金融委員会は2005年6月より，RBC方式への移行を検討し始め，途中延期されたものの，2011年4月にRBC方式に移行しました。なおRBC方式は固定比率方式より厳しい規制であるとされています。保険研究院のオヨンス博士などは，固定比率方式により支払余力比率を算出する場合，RBC方式の場合より規制が緩やかになることを示唆した記述をしています[20]。

また毎日経済新聞は，2009年9月末における生保の支払余力比率は，従来基準によれば249.1％でしたが，RBC基準では218.7％に低下するとしています[21]。高いリスクに直面していない保険会社は，従来基準よりRBC方式の方が有利になる場合もありますが，総じて見れば，RBC方式への移行は，規制の強化と考えてよさそうです。

さらに「保険会社や組合中央会に課される支払余力比率に関する規制の違い」についてです。保険会社は，2011年4月よりRBC方式にもとづき支払余力比率を算出することが義務づけられましたが，組合中央会は従来の方式に変更が加えられませんでした。是正措置の発動要件となる支払能力比率の下限は100％のままですので，保険会社の支払能力に関しては，組合中央会より厳しい規制がかけられるようになりました。[22]

健全性基準の強化は悪いことなのか？

　これについて，組合中央会は，財務健全性に対する規制が相対的に弱いため，積極的なマーケティング戦略を取ることができ，利益を高めることができるとの指摘があります。そして長期的には，支払ができない事態や破産が発生する可能性が相対的に高いのですが，短期的には競争上優位に立つことができるとされています。[23]

　ここで米韓FTAの話に戻りましょう。米韓FTAの義務を履行するならば，組合中央会が提供する共済には，民間業者が提供する保険より有利な競争条件を与えてはいけなくなります。よって組合中央会にも保険会社と同様の規制，支払能力であれば，支払余力比率の算出をRBC方式によらなければならなくなります。つまり組合中央会に対する規制も強化されることになります。

　しかしRBC方式に移行した理由は，従来の方式では，保険会社の財務健全性が十分に測れなかったことにあります。よって組合中央会に対しても，RBC方式にもとづき支払余力比率を求めるように義務づけることは，韓国の経済・社会的な利益を増す結果となると考えることもできます。米韓FTAによって，韓国の制度が変化すること自体がけしからんという議論ではなく，組合中央会に対す

る規制強化が，韓国の経済・社会的利益を損なう理由を示したうえで，これを米韓FTAの問題点として取り上げることが必要です。

金融サービスのうち郵便局保険については，確かに郵政事業本部は新商品を出すことができなくなります。しかし米韓FTAの発効以前も，実際には新商品を出すことが難しい状況でした。また共済については，3年間猶予はされていますが，協同組合が厳しい健全性基準を適用されることになりそうです。ただし消費者の観点から見れば，健全性規制の強化が必ずしも悪いとは言い切れません。経済・社会に与える影響を見極めて，何が問題点なのか判断すべきでしょう。

注

1) 外務省経済局サービス貿易室（1997）113ページによる。
2) 米韓FTAで金融サービスがどのように扱われているのかについては，金融委員会「米韓FTA金融サービス分野説明資料」（2011年11月23日）による。
3) ただし韓国電力，デーコム，韓国通信，SKテレコム，大韓航空，韓国ガス公社などの公益サービスを提供する企業の株式には外国人の株式取得にかかる限度が設定されている。
4) Kim et.（2001）40-41ページ参照。
5) 金融委員会「米韓FTA金融サービス分野説明資料」（2011年11月23日）による。
6) 日本の数値は，ゆうちょ銀行，かんぽ生命のホームページ資料のデータ，韓国の数値は，知識経済部・郵政事業本部（2011）299ページ，309ページによる。
7) 米韓FTAによって郵政の金融事業に課される義務，従来と変更しないとこを確認した点を解説した部分は，国会知識経済委員会「郵便局預金・保険に関する法律を一部改正する法律案検討報告書」

(2011年10月)による。
8) 外交通商部「"FTAで'メスを入れる法律'韓国は23,アメリカは4……アメリカ法を移植"ハンギョレ新聞記事(11.2)関連外交通商部立場」(2011年11月2日)による。
9) (3),(5)の検討は国会知識経済委員会「郵便局預金・保険に関する法律を一部改正する法律案検討報告書」(2011年10月)による。
10) パクジュンコン(2007)「郵便局保険の米韓FTA協商結果に対する評価」(韓国情報政策研究院『専門家コラム(2007年5月14日)』)による。
11) ハンギョレ新聞「郵便局保険拡大,米韓FTAに違反」(2012年1月5日)。
12) 知識経済部(郵政事業本部)の反論は,知識経済部「"郵便局保険拡大,米韓FTA違反,駐米韓商工会議所,政府に抗議書簡"報道に対する解明」(2012年1月5日)および政府ホームページによる。
13) 主要な共済の概要は,オヨンス他(2011)40-41ページによる。
14) 金融委員会の傘下機関であり,金融機関に対する検査を行う。
15) 金融委員会に検査を要請することも可能である。
16) オヨンス他(2011)62ページによる。
17) 支払余力比率の算出方法に関する部分は,統計庁ホームページによる。
18) 具体的には,①保険危険額,②資産運用危険額の2つに分け,前者を危険保険金の0.3%(生保の場合),後者を責任準備金の4%に相当する額としていた。
19) 支払余力比率の算出方法,RBC方式の導入国については,金融監督院(2009)などによる。
20) オヨンス他(2011)77ページによる。
21) 毎日経済新聞社インターネット版「上半期生保社収益急騰…純益前年比2倍」(2009年12月1日)。
22) 16)に同じ。
23) 20)に同じ。

〈第5章のまとめ〉

・主張1：郵政事業本部による保険新商品

> 郵政事業本部は，民間と同じ競争環境に置くことが義務づけられるため，新しい商品の販売ができなくなる。

［韓国政府などによる反論］

　米韓FTAを履行するために法律が改正され，法律上，郵政事業本部は新しい商品を販売できなくなりました。しかし法律が改正される前から，郵政事業本部が新商品を発行することは国内生命保険会社の反対により難しい状況でした。

・主張2：共同組合が提供する保険サービス

> 共同組合が提供する保険サービスには，民間業者より有利な競争条件を与えてはいけなくなる。

［韓国政府などによる反論］

　協同組合が提供する保険サービスにかかる金融監督は厳しくなります（3年間猶予されているため，今後法改正がなされると考えられます）。これに対する特段の反論はないと考えられます。

第6章　金融サービス (2)
―― 金融市場は「国際資本の鉄火場」にはならない

　本章は第5章「金融サービス (1)」の続きです。前章では郵便局保険および共済について取り上げ，郵便局保険については，米韓FTAにより実質的に負う義務はほとんどない点，共済については，組合中央会に対する規制が強まりますが，保険の購入者にとって利益になる可能性がある点を示しました。

　本章では残された懸念，すなわち「金融および資本市場が完全に開放されてしまう」といった主張について見ていきます。金融サービスに関する条文が毒素条項であるとする根拠の一つは，「完全開放されれば，韓国の金融市場がこれまで以上に国際投機資本の遊び場になる」懸念です。

　また，① 外国投機資本が韓国国内で何の制約もなく銀行業を営むことができる，② 外国投機資本が国内銀行の株式を100％所有できるようになる，③ 中小企業に対する貸出減少により多くの中小企業が倒産する可能性がある，④ 私債利率制限が廃止され私債問題が深刻化する点なども具体的な懸念として挙げられています。

1. 韓国の資本市場はほぼ完全に開放されている

　「韓国の金融市場が国際投機資本の遊び場になる」とはどのような意味なのでしょうか。先述したように，韓国の資本市場はほぼ全

面的に開放されており，外国資本が活発に移動しています。その結果，2000年代には資本移動が拡大し，平時には資本が流入する半面，国際金融市場が不安定になると，韓国から資金が急激に流出する傾向にあります。そして外国資本の流出入，とくに急激な流出により韓国の経済が影響を受けるようになりました。[1]

事実，リーマンショック後の金融危機が発生した直後である，2008年第4四半期には4.6％のマイナス成長（季節調整済前期比，年率換算するとマイナス17.2％）を記録するなど，実体経済も大きな打撃を被りました。このように，外国資本の動きに韓国の金融市場，ひいては景気が翻弄されています。

韓国政府が手をこまねいているわけではありません。資本の流出入が韓国経済に与える悪影響について再認識がなされ，政府は2010年6月に「資本流出入変動緩和方案」を取りまとめ，先物為替ポジション制度の導入[2]，外国為替健全性負担金の導入[3]などを行い，自由度が高かった資本移動に規制を加えることとしました。

規制の強化は，韓国の金融市場の安定を図るための措置です。しかし，米韓FTAが発効されれば，資本市場の開放が求められるため，政府が金融市場の安定のために必要な措置を講ずることができなくなり，「韓国の金融市場がより一層，国際投機資本の遊び場としての色彩を帯びるのではないか」と懸念する声が出ています。

ここからは，金融サービスに関する条文が毒素条項であるとする主張に対する韓国政府の反論を紹介します[4]。

まず米韓FTAの金融分野諸規定では，韓国の金融当局が有する現行の規制権限を認めているとともに，追加的に韓国の金融システムの安定および消費者保護措置など政策権限を十分に認めています。よって韓国政府が，金融市場の安定のために必要な措置をとれ

なくなるということはありません。

そもそも米韓FTAとは関係なく,すでに韓国では資本市場を全面的に開放しており,「遊び場」な状況からの脱却は簡単ではありません。しかし米韓FTAの発効後,急激な資本流出入を緩和するための規制を講ずることは引き続き可能であり,現状がさらに深刻化する事態を招くことは考えられません。

2. 外国資本は銀行を支配できず,利率規制も存続

次に「外国投機資本が韓国国内で何の制約もなく銀行業を営むことができる」,「外国投機資本が国内銀行の株式を100％所有できるようになる」についてみてみましょう。これは附属書Ⅲ-Aの3番目に掲げられている留保を考慮していないことから生ずる誤解です。

附属書Ⅲ-Aには,外国の法律により設立された金融機関は,「国際的に承認された金融機関」である場合に限り,韓国の法により設立された商業銀行や銀行持株会社の持分を,10％を超過して所有することができると規定されています。そして「国際的に承認された金融機関」であるかの判断権は韓国政府がもっています。よって韓国が承認しない外国金融機関は,韓国の銀行の持分を10％以上保有することはできません。

さらに「中小企業に対する貸出減少により多くの中小企業が倒産する可能性がある」です。この主張は,米韓FTAによって,中小企業銀行など中小企業向けの政策金融を担う金融機関に対して行っている政府の支援が,今後できなくなることを前提としています。つまり相対的に貸し倒れリスクの大きな中小企業に対して,政府の援助を受けることで資金を提供する政策金融機関がなくなり,中小

企業の資金調達が困難になることが懸念されているわけです。

しかし附属書Ⅲ-Aの12番目に掲げられている留保により、中小企業銀行を始め、韓国産業銀行、農業協同組合、水産業協同組合など政府支援機関に対して、政府は引き続き、損失補填、発行債券に対する保証などの特別待遇を付与することができます。

そして「私債利率制限が廃止され私債問題が深刻化する」についてですが、実際には外国の貸付業者も国内の貸付業者と同様、関連国内法によって利子率の制限対象となっています。これは、先述したとおり、米韓FTAでは、韓国の金融当局が有する現行の規制権限を認めているとともに、追加的に韓国の金融システムの安定および消費者保護措置など政策権限を十分に認めているためです。よって米韓FTAによって、私債利率制限が廃止されることもありません。

3. 金融セーフガードの発動要件は変わらず

また上記以外にも誤解にもとづく、米韓FTAに対する懸念があります。京郷（キョンヒャン）新聞は、「金融セーフガードに穴があけられていること」、「新しい商品許容」などを、米韓FTAの金融サービス分野で憂慮される事項として挙げています。[5] これに対しても韓国政府が反論資料を公表しています。[6]

金融セーフガードとは？

セーフガードとは、輸入増により国内産業が重大な損害（あるいはそのおそれ）を被る場合に、一時的に関税を引き上げる、あるいは数量制限を行うことを意味します。[7] しかし金融セーフガードは、一般的なものとは異なります。

では金融セーフガードとはどのようなものなのでしょうか。外交通商部の資料では「短期セーフガード」と呼ばれていますが,経済事情が重大かつ急激に変動した場合,あるいは経済政策の遂行に深刻な支障を招くといったやむを得ない場合,外国為替取引を一時的に停止する,あるいは資本取引に規制を課す措置が金融セーフガードです。そしてこの措置は,外国為替取引法の第6条が根拠規定となっています。

京郷新聞が示した金融セーフガードに対する懸念は,米韓FTAによって,金融セーフガードが,(1) 1年以下の期間のみ有効となる,(2) アメリカの商業的,経済的,財政上の利益に損害を与える場合,発動が不可能となる,(3) 経常取引,外国人直接投資に関連する送金は防ぐことができないことです。つまり米韓FTAによって,金融セーフガードに穴がたくさん開き,危機回避に役立たなくなるというわけです。これに対して韓国政府は,金融セーフガードの発動要件は米韓FTA下でも何ら変わっていないとしています。

セーフガードに穴は空かない

まずは,(2)「アメリカの商業的,経済的,財政上の利益に損害を与える場合,発動が不可能となる」に対する反論です。GATS第12条第1項では,「国際収支および対外資金に関して重大な困難が生じている場合または生ずるおそれのある場合には,加盟国は,特定の約束を行ったサービスの貿易に対する制限を課しまたは維持することができる」と書かれています。

しかしサービス貿易に対する制限は,いつでも認められるわけではなく,第2項で制限をする際に要件が列挙されています。そして要件の一つに「他の加盟国の商業上,経済上または資金上の利益に

対し不必要な損害を与えることを避けるものであること」が掲げられています[8]。

そして米韓FTAの,「商業的,経済的,財政上の利益に不必要な損害を避けること」という要件は,GATS(サービス貿易一般協定)の第12条第2項(c)に書かれているものと同じなのです。よって,これまでも金融セーフガードを発動する際には,「商業的,経済的,財政上の利益に不必要な損害を避けること」が求められており,米韓FTAはこの要件を変更していません。

次に,(3)「経常取引,外国人直接投資に関連する送金は防ぐことができない」に対する反論です。まず後段の「外国人直接投資に関連する送金は防ぐことができない」については,外国為替取引法の第6条第4項に,外国人直接投資に対して金融セーフガードを使えないことが規定されており,従来からできませんでした。

セーフガードの発動自由度を高めることも可能

さらに前段の「経常取引に関連する送金は防ぐことができない」についての反論です。経常取引を制限することは事実上,国家不渡りを宣言するようなことであり,経常取引に対するセーフガードは極めて例外的な場合にだけ発動されます。具体的には,(a)IMF協定書の手続きにより,(b)アメリカと事前調整を通じて発動が可能となります。韓国はIMF加盟国であり,経常取引を制限する場合にはIMFの事前承認が必要です。そして米韓FTAはアメリカと韓国が当事国である協約であることを勘案して,韓国が制限する場合はアメリカとの(アメリカが制限する場合は韓国との)事前協議を必要としただけのことです。

そして最後に(1)「1年以下の期間のみ有効となる」についての

反論です。現行の外国為替取引法にもとづけば,金融セーフガードは原則的に6カ月しか発動できず,例外的に延長が可能とされています。しかし米韓FTAでは原則的に1年,例外的に延長可能とされているなど,現行法より発動期限がより長くなっています。[9]つまり米韓FTAに掲げられた要件は,現状よりも緩いといえます。

以上を勘案すれば,金融セーフガードの発動要件については,韓国の外国為替取引法(第6条),IMF協定書,GATSにもとづく従来の要件を,米韓FTAは変えていません(むしろ緩和しています)。つまり米韓FTAは,金融セーフガードに穴を開けておらず,危機回避に貢献できる程度も従来と同じであるわけです。

4. 新しい金融商品の販売は簡単にはならない

次に「新しい商品許容」を見ていきましょう。これはネガティブリスト方式と関係する懸念であり,開放が禁止された商品以外は,すべての派生金融商品が販売可能となることが懸念されています。これに対する韓国政府の反論は以下のとおりです。[10]

米韓FTAでは,①相手国の金融当局が自国の金融会社に対しても当該新金融商品を許容する,②現行の国内金融法令が許容する範囲内である,③新金融商品を提供しようとする金融会社が,商業的駐在(例:子会社,支店など)を通じて供給すること(すなわち,インターネットなどの国境間取引の形態では供給できない),④新金融商品の供給に対して許認可制度を運用することができるとの厳格な条件を満たした場合のみ,派生金融商品などの新金融商品の供給を許しています。

さらに,新金融商品の供給に対しては,消費者保護,金融機関の

健全性強化，金融制度の安全性向上のための規制を，韓国政府はいつでも導入できるようにもしています。つまり新しい商品を販売する際に，強い規制がかけられている状況に，米韓FTAは変更を加えていません。

　本章で検討した金融サービスは以下のようにまとめることができます。まず「金融および資本市場が完全に開放されてしまう」との懸念ですが，米韓FTAの発効後も引き続き，韓国政府は金融システムの安定や消費者保護のために必要な措置を講ずることができます。したがって，急激な資本流出入を緩和するための規制を導入することができますし，高利貸しや消費者に被害を及ぼす可能性のある新商品から消費者を守るための規制も可能です。さらに緊急時に金融セーフガードを発動できる要件にも変更が加えられていません。以上を勘案すれば，米韓FTAによって韓国の金融市場が混乱することはなさそうです。

注

1) 韓国政府は，① 韓国における金融危機は外貨流出入の変動性が高いことに起因している，② 国際金融市場が好調な場合は韓国への大規模資金流入が起こり，不調の場合は韓国からの大規模資金流出が生ずるといった見解を示している（企画財政部他「資本流出入変動緩和方案（Q&A）」（報道資料：2010年6月14日））。
2) 銀行は従来，総合ポジションだけが規制されていた。しかし新しい規制によって，先物為替ポジションの限度が導入された。先物為替ポジションには，従来含まれていなかった通貨スワップなども含まれるようになったとともに，国内銀行の場合は，限度が自己資本の50％と定められた。また外国銀行支店も，先物為替ポジションの限度が，自己資本の250％に設定された（企画財政部他「資本流出入

変動緩和方案（Q&A）」（報道資料の参考資料：2010年6月14日））。
3) 外国為替健全性負担金は，市中銀行，外国銀行韓国支店などの金融機関が保有する，非預金性外貨負債残高（年平均）に対して，満期が1年以下は0.2％，1年超過～3年以下は0.1％，3年超過～5年以下は0.05％，5年超過は0.02％の額で課される負担金である（企画財政部「11.8.1日より外国為替健全性負担金施行」（報道資料：2011年8月1日））。外国為替健全性負担金には，銀行の外貨負債，とくに短期負債の保有にコストを課すことで，銀行の外貨負債を縮小させる意図がある。
4) 政府による反論は，外交通商部「"金融圏投機資本'上げ潮'第2，第3のローンスターが出てくることも"と題した京郷新聞記事（11.25）関連」（報道資料：2011年11月25日），外交通商部「わかりやすく書いた，いわゆる米韓FTA毒素条項主張に対する反論」（2011年10月）による。
5) 京郷新聞「金融圏投機資本'上げ潮'…第2，第3のローンスターが出てくることも」（2011年11月25日）。
6) 金融セーフガードに関する政府の反論は，外交通商部「"金融圏投機資本'上げ潮'第2，第3のローンスターが出てくることも"と題した京郷新聞記事（11.25）関連」（報道資料：2011年11月25日），外交通商部「わかりやすく書いた，いわゆる米韓FTA毒素条項主張に対する反論」（2011年1月），外交通商部「短期セーフガード」による。
7) 滝沢（2010）113ページによる。
8) GATSの条文は，外務省経済局国際サービス貿易室（1997）160ページによる。
9) 外交通商部「民主党の米韓FTA再々協商案［10＋2］に対する政府の立場」（2011年7月）による。
10) 政府の反論は，外交通商部「"金融圏投機資本'上げ潮'第2，第3のローンスターが出てくることも"と題した京郷新聞記事（11.25）関連」（報道資料：2011年11月25日）などによる。

〈第6章のまとめ〉

・主張1：国際投機資本の遊び場

> 金融サービスが完全に開放されると，韓国の金融市場がこれまで以上に国際資本の遊び場になる。

［韓国政府などによる反論］

　米韓FTAとは関係なく，韓国では資本市場を高い水準で開放しています。また米韓FTAでは，韓国が有する現行の規制権限を認めているとともに，追加的に韓国の金融システムの安定および消費者保護措置を取ることも認めています。

・主張2：外国投機資本など

> ① 外国投機資本が国内銀行の株式を100％所有できるようになる。
> ② 中小企業に対する貸出減により中小企業の倒産が多発する。
> ③ 私債利率制限が廃止され私債問題が深刻化する。

［韓国政府などによる反論］

① 米韓FTAの附属書Ⅲ-Aでは，韓国政府が承認した外国金融機関のみが，韓国の銀行などの持分を10％以上保有できるとされています。

② 附属書Ⅲ-Aの留保により，中小企業銀行をはじめとした中小企業向けの政策金融を担う政府支援機関に対して，政府は引き続き，損失補填や発行債券に対する保証など特別待遇を与えることができます。

③ 米韓FTAでは，韓国の金融当局が有する現行の規制権限を認めています。現行法では，外国の貸付業者に対しても利子率の制限を行っており，今後も問題になることはありません。

第6章 金融サービス(2)――金融市場は「国際資本の鉄火場」にはならない

・主張3:金融セーフガード

① 金融セーフガードの発動期間が1年に限定される。
② アメリカの商業的,経済的,財政上の利益に損害を与える場合,発動が不可能になる。
③ 経常取引,外国人直接投資に関連する送金は防ぐことができない。

[韓国政府などによる反論]
① 現行の韓国における外国為替取引法では,金融セーフガードの発動を6ヶ月しか認めていません。
② これはGATSに書かれていることと同じです。よって米韓FTAとは関係なく,金融セーフガードの発動にはこの条件を満たさなければなりません(アメリカのみならず他国に対しても)。よって米韓FTAによって新しい義務を負ったわけではありません。
③ 米韓FTAの発効以前から,韓国の外国為替取引法により定められていた規制です。

第7章　知的財産権（1）医薬品
——ジェネリック薬への影響は今後の制度設計しだい

　本章では知的財産権について取り扱います。米韓FTAで知的財産権を規定した部分は第18章ですが，このなかにも毒素条項があると主張されています。知的財産権を規定した部分に毒素条項が存在する根拠としては，「韓国人，韓国政府，韓国企業に対する知識財産権を取り締まる権限を，アメリカ系企業が直接もつようになり，後発医薬品（ジェネリック薬）生産が不可能になり，薬の価格は青天井に高まる」ことが挙げられています。またある新聞には，「インターネット検索が著作権の侵害となるなど，日常的なインターネット利用ができなくなる」と書かれていますし，そのほかにも，「知的財産権が保護される期間が延びて，一般利用者の負担となる」，「知的財産権を保護するため，過度な処罰がなされる」といった主張もなされているようです。[1]

　そこで知的財産権については，医薬品，とくにジェネリック薬に焦点を絞った議論をした後，その他の知的財産権に関する問題を取り上げ，米韓FTAの知的財産権に関する規定が，韓国の経済・社会に悪影響を及ぼすのか検討します。

1. ジェネリック薬とは

　そもそもジェネリック薬とは何でしょうか。日本の政府広報オン

ライン「お役立ち情報」では,「新薬(先発医薬品)と同じ有効成分で,効能・効果の等しい医療用の医薬品です。先発医薬品の特許が切れた後に,厚生労働大臣の承認のもとに新たに他社から製造販売されるため,『後発医薬品』とも言われます」と説明されています。また「先発医薬品と有効成分やその含有量は同じで,効き目や品質,安全性が同等の医薬品です。しかし,薬の価格は先発医薬品の概ね7割以下,中には5割以下の薬もあるなど,先発医薬品と比べて大幅に安いのが特徴です」とも書かれています。

新薬を開発するためには,莫大な開発費と長い時間が必要です。よって製薬会社としては,新薬開発のためにかかった費用を上乗せしないと採算が合いません。それゆえに,薬の価格は高くなるのですが,特許で保護されている期間が過ぎれば,新薬(以降,「先発薬」,「オリジナル薬」との用語も出てきますが,すべて同じ意味で使います)を開発した製薬会社以外でも,同じ薬を製造し,販売することができるようになります。その場合,薬の開発費用を上乗せする必要がないので,その分,安く販売することができます。

具体的に数字を見ていきましょう。新薬開発の成功率は4千分の1から1万分の1と低いのですが,成功した場合は売り上げに対する利益率が20〜30%と高い利益を創出します。また別の数字を見ると,新薬の開発費は1億ドルから6億ドルかかりますが,品目当たりの年間純利益は,1億6千万ドルから3億ドルにもなります(世界100大医薬品基準)[2]。

2. ジェネリック薬の市販は引き続き可能

さてジェネリック薬など,医薬品に関する米韓FTAに対する懸

念としては，先に紹介した，(1)「知的財産権の取り締まり権限がアメリカに移りジェネリック薬の製造・市販が不可能になる」に加え，(2)「医薬品の許可・特許連携義務によりジェネリック薬の市販が遅れる」といったものがあります。医薬品の「許可・特許連携義務」とは，多くの人にとって馴染みのない用語と考えられますが，この説明は後に回し，まずは (1) に対する韓国政府の反論から見ていきましょう。

(1)「知的財産権の取り締まり権限がアメリカに移りジェネリック薬の製造・市販が不可能になる」については，以下の反論をしています。この反論は単純明快です。すなわち，米韓FTAのどこにも，知的財産権の取り締まり権限をアメリカ系企業がもつとした条項はありません。そして，知的財産権に関する章（第18章）の個別条文の主語は，各当事国となっており，韓国企業などに対する知的財産権の取り締まり権限は，韓国政府にあります[3]。よって，ジェネリック薬の製造・市販が不可能になることはあり得ません。

3. ジェネリック薬の市販が遅れる可能性

次に (2)「医薬品の許可・特許連携義務によりジェネリック薬の市販が遅れる」に対しての韓国政府の反論です。これを説明する前に，多くの人にとって聞きなれない用語と考えられる，医薬品の「許可・特許連携義務」とは何か以下でみていきます[4]。

「連携義務」により製造・市販許可と特許が結びつく

これは米韓FTAの第18.9条第5項で課せられた義務を履行するために導入されました。韓国の医薬品許可に関する手続きは，薬事

第7章 知的財産権（1）医薬品——ジェネリック薬への影響は今後の制度設計しだい

法で定められています。米韓FTAの発効前は、製薬会社が医薬品を市販しようとする場合、新薬であれば、医薬品の安全性および有効性に関する資料を食品医薬品安全庁に提出し、ジェネリック薬の場合は、先発の医薬品と生物学的に同等である点を示した資料などを提出する必要があります。そして申請を受けて、食品医薬品安全庁が審査を開始します。しかし米韓FTAの発効以前は、韓国におけるジェネリック薬の許可手続きにおいて、特許に関する事項は入っていませんでした。

しかし米韓FTAの第18.9条第5項では以下の義務が課されました。これはもちろん韓国とアメリカの両国に課されていますが、わかりやすくするために韓国を主語にして説明します。韓国がジェネリック薬の市販を許可する場合、①食品医薬品安全庁に通知された先発薬の特許の存続期間内に、市販許可を要請するすべての製薬会社の身元が、特許権者に通報されるよう規定する、②先発薬の特許の存続期間に、特許権者の同意あるいは黙認なしに、製薬会社がジェネリック薬を市販することを防止するための、市販許可手続きにおける措置を履行することが義務づけられました。

そこで米韓FTAにより課せられた義務を履行するため、韓国では薬事法や下位の大統領令、規則（以下では、下位の大統領令や規則も含めて、「薬事法」とします。）を改正しましたが、それにより新設されたものが、医薬品の「許可・特許連携義務」（以下「連携義務」）です。具体的な手続きは以下のとおりです。まず、①オリジナル薬の市販許可を受けた製薬会社が、食品医薬品安全庁に対し特許目録への登録を申請し、これを受けて、②食品医薬品安全庁が特許目録を公示（オンラインで確認可能）します。ジェネリック薬を製造・販売をしようとする製薬会社は、③食品医薬品安全庁に市販

許可を申請しますが，オリジナル薬の特許権が満了する前に市販しようとする場合，④市販の申請をした事実を，新薬の特許権を所有する製薬会社に通報しなければなりません。これを受けて，⑤オリジナル薬の特許権を有する製薬会社が特許権侵害の訴えを起こした場合，⑥申請中のジェネリック薬の市販は特許侵害に当たり，訴えを起こした事実を通知します。そして実際に特許紛争が生じていることが確認されれば，⑦食品医薬品安全庁はジェネリック薬の市販を一定期間停止させます。

なお「連携義務」の，①〜④の手続きは，米韓FTAが発効すると同時に導入されましたが，⑤〜⑦の手続きは，2010年の米韓FTAにかかる書簡交換にもとづき，発効後3年間導入が猶予されました。よって米韓FTAの発効日に施行された改正薬事法には，①〜④の手続きのみが規定されており，⑤〜⑦の手続きは，米韓FTAの発効後3年以内に薬事法が再び改正され，正式な手続きとして規定される予定です。

「連携義務」で重要な点は，これがすべてのジェネリック薬の市販許可申請に課されるわけではなく，あくまでもオリジナル薬の特許権が満了する前にジェネリック薬を市販しようとする場合のみに課されることです。[5]

すべてが「連携義務」の対象というわけではない

さて「連携義務」の説明が終わったところで，この義務が導入されることによって，韓国の経済・社会が悪影響を受けるといった主張を，もう少し具体的に紹介します。ここで紹介するのが京郷新聞の記事です。同新聞では，「米韓FTAの発効以前は，韓国の製薬会社が事前に許可を受けて，特許期間が終われば，自動的にジェネ

リック薬を市販することができたが，発効後は，ジェネリック薬の市販が遅れ，特許権をもった会社が独占利益を得る期間が延びる」ことが主張されています[6]。またこれ以外にも，ジェネリック薬を市販しようとする製薬会社は，新薬の特許権者から，特許満了事実を確認する，あるいは訴訟で勝たなければならないといった懸念も示されています[7]。

これら懸念に対して韓国政府は反論しています。最も重要な事実は，「連携義務」の対象が，オリジナル薬の特許が切れる前に，ジェネリック薬を市販しようとする場合に限定されていることです。そして，「連携義務」が導入されても，ジェネリック薬を市販しようとする製薬会社は，新薬の特許が満了する前にあらかじめ，ジェネリック薬の市販許可申請をすることが可能です。この場合は，新薬の特許期間満了を条件に市販許可を得ることができるので，特許期間の満了とともにジェネリック薬を販売することができます[8]。

以上，米韓FTAについて，医薬品にかかる部分につき，問題を引き起こすとの意見と，それに対する政府の反論を指摘しました。確かに政府の反論が指摘するように，すべてのジェネリック薬が「連携義務」の対象になるわけではなく，特許が切れたジェネリック薬は，今までどおりの手続きで許可を得ることができることは重要です。ただし，「連携義務」の対象となるジェネリック薬，すなわち，オリジナル薬の特許が切れる前に市販しようとするものは，販売の時期が遅れる可能性も無視できません。

アメリカでは「連携義務」を使って新薬の特許を引き延ばす

これはアメリカで，「連携義務」を使うことによって，オリジナル薬の製薬会社が独占販売の期間を延ばしている点が指摘されてい

るからです。国会保健福祉委員会が提出した改正薬事法案の検討報告書は，アメリカで，「連携義務」を使った新薬の特許権者によるエバーグリーニング（Evergreening）戦略が横行していることに懸念が示されています。エバーグリーニング戦略とは，新薬の特許の存続期間を延長させることで，より多くの独占的権利を得るための戦略とされています。[9] ではいったいどのような方法で特許の存続期間を延長させるのでしょうか。

アメリカでは1984年に「連携義務」が導入され，新薬の特許が切れる前に市販しようとする場合，特許紛争が発生すれば，ジェネリック薬の市販許可が30カ月停止されることになりました。韓国特許庁の報告書において，エバーグリーニング戦略の典型とされた事例が紹介されています。すなわち，一つの新薬について，核心有効成分とは別の複数件の特許を，時間差で特許目録への掲載をするとともに[10]，時間差で訴訟を起こすことで，4回の許可停止を通じて，合計で65カ月許可を遅らせた事案です。さすがに「連携義務」の根拠法が2003年に改正され，許可停止は1回のみに限定されましたが，エバーグリーニング戦略によって，一定期間ジェネリック薬の市販を遅らせることができる状況です。[11]

影響を最小限にするためには制度設計が大切

「連携義務」の導入によって韓国経済が受ける影響は，今後の制度設計にかかっています。先述したように，「連携義務」のうち，市販を一定期間停止させる部分については，米韓FTAの発効後3年間猶予されています。よって，この部分の導入は今後の法改正を通じて行われます。韓国政府は，協定文に違反しない範囲内で，製薬業界の負担を最小限にする方案を講じるとしています。具体的に

は，停止期間を最大12カ月とするとともに，特許権者による訴訟乱発を防ぐ対策などを検討するとしています[12]。

なお，「連携義務」によって，韓国の医薬品産業はどの程度の影響を受けるのでしょうか。これについては，政府出捐研究機関が連名で出した報告書があります。報告書によりますと，「連携義務」によって，FTA発効から10年間の累積で4390～9500億ウォンの生産が減少します。よって年平均の生産減少額はこの10分の1である，439～950億ウォンです[13]。ただしこの金額は，韓国政府が講じるとしている，製薬業界の負担を最小限にする方案が明らかでないなかで，いくつかの仮定を置いて導出された推計値であり，幅をもってみる必要がありそうです。

米韓FTAによって課される，医薬品の知的財産権にかかる義務が韓国経済・社会に与える影響についてまとめると，「知的財産権の取り締まり権限がアメリカに移りジェネリック薬の製造・市販が不可能になる」ことはあり得ませんが，「一部のジェネリック薬の市販が遅れる」ことは起こると予想されます。この影響を最小限に抑えるためには，「連携義務」の制度設計が重要になってきます。

注

1) これら主張については，2011年12月2日に行われた，チェソクヨンFTA交渉代表による記者ブリーフィングで紹介された（この内容は，外交通商部の米韓FTAホームページに掲載されている）。
2) 韓国特許庁（2009）9ページによる。
3) 外交通商部「わかりやすく書いた，いわゆる米韓FTA毒素条項主張に対する反論」（報道資料：2011年10月）による。
4) 「医薬品許可・特許連携義務」に関する説明は，国会保健福祉委員会

「政府提出薬事法一部改正法案検討報告」(2011年10月),米韓FTAホームページ上の資料による。
5) オリジナル薬の特許が切れる前に市販するジェネリック薬を市販できるのか,またそのような薬をジェネリック薬と呼んでいいのかとの疑問をもつ人がいるかもしれないが,オリジナル薬の特許が切れる前に市販されるジェネリック薬は存在する。アメリカでは,ジェネリック医薬品の許可申請の方法が,① 新薬に関する特許がない場合,② 新薬の特許期間がすでに終了した場合,③ 新薬の特許期間終了後に市販することを条件とする場合,④ 新薬の特許が無効である,あるいはジェネリック薬申請会社の製造方法が対象特許を侵害しないということを証明して,新薬の特許満了以前に市販する場合に分けられている。つまり申請手続きは異なるが,オリジナル薬の特許が切れる前に市販するジェネリック薬を市販できる。そして韓国においても,アメリカと同様,オリジナル薬の特許が切れる前に市販するジェネリック薬を市販できる(以上は,国会保健福祉委員会「政府提出薬事法一部改正法案検討報告」(2011年10月)による)。
6) 京郷新聞オンライン版「"医薬品許可・特許条項"アメリカも毒素条項として規定」(2011年11月27日)。
7) この懸念は,外交通商部「医薬品許可・特許連係制度関連の誤解と真実」(報道資料:2011年11月25日)で紹介されている。
8) 外交通商部「医薬品許可・特許連係制度関連の誤解と真実」(報道資料:2011年11月25日)による。
9) 国会保健福祉委員会「政府提出薬事法一部改正法案検討報告」(2011年10月)による。
10) アメリカでは「オレンジブック」と呼ばれる。
11) 韓国特許庁(2009)17-19ページによる。
12) 米韓FTAホームページ掲載の「医薬品関連知財権」による。
13) 数値は,対外経済政策研究院他「米韓FTA経済的効果再分析」(2011年8月5日:研究機関報告書)による。この試算は,保健産業振興院が担当。なお韓国製薬協会の「製薬産業統計集(2010.12)」によれば,2009年の医薬品生産額は,15兆8千億ウォンである。

第7章 知的財産権（1）医薬品——ジェネリック薬への影響は今後の制度設計しだい

<第7章のまとめ>

・主張1：ジェネリック薬の製造不可

> 知的財産権の取り締まり権限がアメリカに移りジェネリック薬の製造・市販が不可能になる。

［韓国政府などによる反論］

米韓FTAのどこにも，知的財産権の取り締まり権限をアメリカが持つとした条項はありません。知的財産権に関する第18章の個別条文の主語は，各当事国となっており，韓国企業などに対する知的財産権の取り締り権限は，韓国政府にあります。

・主張2：ジェネリック薬の市販の遅れ

> 米韓FTAの発効後は，ジェネリック薬の市販が遅れ，特許権をもった会社が独占利益を得る期間が延びる。

［韓国政府などによる反論］

医薬品の「許可・特許連携義務」の対象は，オリジナル薬の特許が切れる前に，ジェネリック薬を市販しようとする場合に限定されています。

［韓国政府などによる反論への補足］

アメリカでは医薬品の「許可・特許連携義務」を使って，ジェネリック薬の市販を大幅に遅らせる事例が見られます。同義務の完全導入は，米韓FTA発効後3年間猶予されていますが，韓国政府は製薬会社への影響を最小限とする方案を検討中です。

第8章　知的財産権（2）（医薬品を除く）
——著作権侵害の濫訴は起こらない

　第7章では知的財産権のなかでも，医薬品に焦点を絞って議論しましたが，本章は医薬品を除いた知的財産権に関する問題について検討します。

　米韓FTAの知的財産権にかかる条文などによって，韓国の経済・社会が被害を受けるとした主張のなかで，包括的なものとしては，「非親告罪の導入によって，だれでも告訴ができるようになる」というものがあります。また「著作権の保護期間が延びて一般利用者に負担がかかる」，「映画館で，ビデオカメラなどにより映画を撮影する，あるいは撮影を試みた場合刑事罰を受けるなど，過度な処罰が導入される」といったものもあります。そして音にも商標権が認められるようになり，「ウィンドウズの開始音も制限される」とも主張されています。なお各論としては，インターネットに関して，「検索が著作権侵害になる」，「著作物の無断複製・配布を許すサイトは閉鎖を強制される」という主張があります。

　本章は，知的財産権（医薬品を除く）にかかる米韓FTAによる取り決めが，本当に韓国の経済・社会に悪影響を及ぼすのか，上記に紹介した主張の順番で検討していきます。

第8章　知的財産権（2）（医薬品を除く）――著作権侵害の濫訴は起こらない

1. 著作権侵害の一部は従来より非親告罪

　第一の主張は，「非親告罪の導入によって，だれでも告訴ができるようになる」ですが，まずは非親告罪とは何か知る必要があります。法務省のホームページによれば，親告罪とは「裁判により犯人を処罰するためには，告訴が必要な犯罪」とされています。非親告罪とは親告罪とは異なり，被害者などからの告訴がなくても検察官が公訴を起こせる犯罪です。米韓 FTA の第 18.10 条第 27 項（f）では，「商業的規模」である商標権，意匠権，著作権侵害に対しては，告訴なくして捜査機関の職権で，公訴提起を可能にすることが定められています。[1] よって著作権侵害を非親告罪にしなければならない義務を負ったことは間違いなさそうです。

米韓 FTA が非親告罪導入のきっかけではない

　しかし米韓 FTA により，韓国は著作権侵害について，まったく新しい義務を負ったと考えるのは早計です。それは，著作権侵害の一部は，米韓 FTA の発効以前から非親告罪であったからです。韓国の著作権法では，著作権侵害に対して罰則が設けられています。しかし同法の第 140 条では，「この章（罰則を定めた第 11 章）の罪に対する公訴は告訴がなければならない」と定められています。つまり著作権法違反の罰則は親告罪です。しかし同条の但し書きで，「以下の各号の一つに該当する場合はそうでない」と定められており，「一部」の著作権侵害に対する罰則は非親告罪とされています。ここで「一部」と強調したのは，著作権侵害のなかで一定の条件を満たしたものだけが，非親告罪になるからです。2006 年までは著作権侵害はすべて親告罪でした。しかし 2006 年に著作権法が改正

され，「営利のため常習的に」という条件づきで，著作権侵害が非親告罪に含まれるようになりました。よって 2006 年以降は，条件を満たせば，著作権侵害は非親告罪になりました。つまり米韓 FTA により著作権侵害が非親告罪となったわけではありません。

非親告罪の適用範囲は広がる

ただし米韓 FTA がまったく影響を与えなかったわけではありません。なぜなら米韓 FTA で課された義務を履行するための著作権法改正（2011 年 12 月 2 日に改正法が公布）で，著作権侵害が非親告罪とされる条件に変更が加えられたからです，具体的には，「営利のため常習的に」との条件が，「営利目的あるいは常習的に」と変更されました。

この変更について，文化体育観光部・韓国著作権委員会の資料をもとに詳しくみていきましょう。著作権侵害が非親告罪となる範囲は，従来の「営利＆常習」から「営利 or 常習」に変更されました。つまりこれまでは営利と常習の両方を満たす必要がありましたが，法改正後はどちらか一方を満たせばよくなり，その分，非親告罪となる範囲が広がりました。上記資料では，インターネットを通じた大規模な著作権侵害は，営利的な目的だけでなく，功名心など多様な理由で行われますが，これら行為は，著作権者はもちろん，著作権の流通秩序を大きく害する場合が多いとしています。そして，権利者の法益だけでなく社会全体の法益も侵害されるので，告訴とは関係なく検察官の職権で公訴を提起できるようにしたと説明しています。[2)]

2011 年 12 月の著作権法改正の目的は，米韓 FTA で課せられた義務の履行にあるわけです。よって，改正法によって変更された非

親告罪に該当するための条件,すなわち「営利目的あるいは常習的に」は,米韓FTAの第18.10条第27項(f)の,「商業的規模」と概ね同じ意味であると考えられます。

これに対して電子新聞は,「著作権法の非親告罪の範囲が拡大して,ソフトウェア不法複製による刑事処罰と多国籍ソフトウェア企業の損害賠償請求が相次ぐ可能性が排除できないようになった」,「非親告罪の適用範囲拡大で著作権者ではない第三者,例えば著作権を保有した会社の関係者,依頼を受けた代行会社も告訴できる」といった記事を掲載しています[3]。これに対して,文化体育観光部は報道資料で反論していますので,以下で紹介します。

合意があれば処罰される可能性は小さい

まず第三者は著作権侵害の直接の当事者ではないので,告訴はできず,告発だけが可能であり,これは米韓FTAの義務履行以前から可能でした。そして非親告罪の範囲が拡大しても,侵害される利益の相当部分が権利者だけの利益であれば,権利者と侵害者の間で合意がなされているにもかかわらず,国家が公益の侵害を理由にこれを処罰する可能性は小さいとされています[4]。

また,チェソクヨンFTA交渉代表は,2011年12月2日に行ったブリーフィングで以下のように発言しています。すなわち,著作権侵害は原則親告罪になっていますが,だれがどのように著作権を侵害しているのか,著作権者がすべてを把握するのが難しいのが現状です。よって「商業的規模」で故意的な侵害行為が起こっても,著作権者がこれを知らず,それにともなう処罰と規制が形成できない場合がありました。このような「商業的規模」で形成される著作権侵害に対しては,権利者の告訴がなくても検事が起訴できるよう

にする必要がありました[5]。

　以上から,「非親告罪の導入によって,だれでも告訴ができるようになる」に対する反論は,① 著作権侵害は条件づきで,米韓FTAの交渉妥結以前から非親告罪であった,② 米韓FTAの義務履行のため,著作権侵害が親告罪となる範囲が広がった,③ そもそも告訴できるのは著作権者だけで,非親告罪に該当すれば,検察官が告訴の有無にかかわらず起訴できる(第三者ができるのは告発に限定される),④ 権利者と侵害者の間で合意がなされているにもかかわらず,国家が公益の侵害を理由にこれを処罰する可能性は小さいの4点にまとめることができます。

　確かに,米韓FTAにより,著作権侵害が非親告罪となる範囲が広がりました。具体的には,「商業的ではあるが常習的ではない違反」,「常習的ではあるが商業的ではない違反」(後者に該当する事例が多いのではないかと思います)が,非親告罪となったわけです。これら範囲が新たに非親告罪に含まれたことで,どの程度の韓国の経済・社会が影響を受けるのか検討することが必要です。そして,非親告罪の範囲拡大が問題と主張する場合には,具体的にどういった問題が生じ,これが総合的(単に訴えられる人が増えるからけしからんという議論ではなく),韓国の利益をどのように損なうのか説明する必要があるでしょう。

2. 著作権保護期間はすでに延長されていた

　次に第二の主張である「著作権の保護期間が延びて一般利用者に負担がかかる」です。米韓FTA第18.4条第4項で,著作権および著作隣接権の保護期間を70年とすることが定められました。この

義務を負うまでは,50年でしたので,20年間著作権の保護期間が延長されました。よって著作権の保護期間が延びたのは事実です。これに対しては,先述したチェソクヨンFTA交渉代表は以下の説明をしています。すなわち,米韓FTAより先に発効した,EU韓FTAを履行するために,著作権に対する70年保護はすでに著作権法に反映されています。一方特許権の保護期間である20年,商標権の10年は延長されませんでした。さらに,アメリカの特許と商標が韓国でそのまま通用するという一部の主張に対しても否定しています。[6]

3. ビデオの持ち込みだけでは罰せられず

そして第三の主張である「映画館で,ビデオカメラなどにより映画を撮影する,あるいは撮影を試みた場合刑事罰を受けるなど,過度な処罰が導入される」に移ります。これはハンギョレ新聞に掲載された寄稿などで主張されており,「映画館で上映中の一部または全部を録画装置で録画する行為を刑事処罰する条項はアメリカの刑法規定と同様である」とされています。[7] 米韓FTAの第18.10条第29項では,映画館などで許可なくビデオカメラなどにより映画,それ以外の映像著作物を,伝送あるいは複製するために撮影する行為に対して,刑事罰が適用されることが定められています[8]

韓国では米韓FTAによる上記の義務を履行するため,著作権法が改正され,映画館などで著作権者の許諾なしに録画機器を利用して,映像著作物を録画する,あるいは公衆に送信することを禁止しました。そして違反行為には,1年以下の懲役,あるいは1千万ウォン以下の罰金が科せられると定められました。また未遂の場合も

処罰されるとされています。過度な処罰か否かは別として事実関係には誤りはありません。

これに対して韓国政府は以下のように反論しています[9]。すなわち、政策費用が莫大な映像著作物を盗撮して、配布や送付する場合、映像著作物の著作権者および映画産業全般に莫大な被害を与えます。韓国の映画産業の発展などのためには、これを禁止することが必要です。そして映画館でビデオカメラなどにより、映画を盗撮する、あるいは盗撮しようとする行為には刑事処罰することにしており、単純に録画機器を所持したという理由だけでは刑事処罰されません。

これには文化体育観光部は、単に映画館に録画機器を持ち込んでも、犯罪実行に着手した点が認められないので、未遂犯として処罰されないといった補足説明があります。実際に映像著作物を盗撮した、あるいは盗撮が未遂に終わった場合に刑事処罰されることが、過度な処罰といえるかは議論があるところでしょうが、日本では、映画の盗撮行為に対して、韓国よりかなり重い罰則が科せられることも紹介されています[10]。この点についても米韓FTAをきっかけに導入された新たな罰則がすべて悪いとの観点ではなく、この罰則が韓国の経済・社会にとって本当に問題なのかをしっかりと議論すべきでしょう。

4. 音やにおいの商標権保護は規定路線

また第四の主張「ウィンドウズの開始音も制限される」です。例えば、ハンギョレ新聞の記事で「マイクロソフト社のウィンドウズ開始音はアメリカではむやみに使うことができず、これが韓国でも

使えなくなる」とされています[11]。確かに米韓 FTA 第 18.2 条第 1 項では，商標に登録できる要件として，表示（sign）が視角的に認識可能なことを要求できず，商標を構成する表示が音やにおいという理由だけで商標の登録を拒否できないと定めています。そして米韓 FTA で課された義務を履行するために行われた商標法改正により，従来の商標法では，保護される商標を，視覚的に認識できるものに限定していましたが，これに声やにおいなど視覚的に認識できないものも含まれるようになりました。よって音やにおいが商標登録できるようになったことは事実です。

しかし韓国政府は以下のように反論しています[12]。すなわち，国際的にも最近，「商標法に関するシンガポール条約」などで，非視覚的商標まで商標権の保護対象に拡大する方向にあります。そして韓国も同条約への加入を推進しています。よって米韓 FTA における取り決めに関係なく，非視覚的な商標も保護対象にされる見通しでした。そのようななか韓国企業も，スマートフォンなどに使われる商標音を，アメリカやヨーロッパ諸国に出願しています。

さらに国会で改正商標法案が検討された時の報告書は，音やにおいの商標が導入される場合，アメリカ企業が保有している音やにおい商標が，韓国において出願されると予想されますが，商標制度の「属地主義」原則により，韓国の商標登録要件を充足しなければならない点を指摘しています。そして，韓国の一般消費者がこれを識別できる商標であると認識されて，初めて登録が可能になるとしています[13]。つまりアメリカで登録されている，音やにおいの商標が，そのまま韓国で認められるわけではありません。

5. インターネットをとりまく環境は今と変わらず

さてここからは各論です。第五の主張である，インターネットに関連して，「検索が著作権侵害になる」です。例えば，京郷新聞の記事では，「米韓FTAにより，インターネットの利用に伴う一時的保存を複製権の一つとして認めたため，インターネットの検索が著作権侵害となる可能性がある」とされています[14]。そして，確かに米韓FTA第18.4条第1項で，複製の概念には一時的複製も含まれると定められています。

しかし韓国政府は反論しています。すなわち，同項の末尾に付せられている脚注11において，デジタル環境のもとで，一時的保存の使用の現状に鑑みて，一時的保存は複製と認定しながらも，インターネット検索行為とともに，日常的な行為にともなう一時的保存に対しては例外とすることができると規定されています[15]。

米韓FTAの義務を履行するために行われた著作権法改正では，一時的複製は複製として定義されました。しかし同時に，「コンピュータで著作物を利用する場合には，円滑で効率的な情報処理のために必要と認められる範囲内で，その著作物をコンピュータに一時的に複製することができる」との条文（第35条2）も加えられ，米韓FTA第18.4条第1項による義務を履行する傍ら，脚注11で認められた例外も反映しています。よって通常の検索であれば著作権侵害にはなりません。

最後に第六の主張である「著作物の無断複製・配布を許すサイトは閉鎖を強制される」です。例えば，ハンギョレ新聞では「無断複製を許すインターネットサイトを閉鎖することができるようになる」とされています[16]。これに対する韓国政府の反論は以下のとおり

です。このような主張の背景には 2007 年 6 月 30 日にアメリカと韓国が交換した付属書簡に「両国は著作物の無断複製や送信を許すインターネットサイトを閉鎖する目的に同意する」と書かれていたことがあると考えられます。しかし付属書簡は法的な義務を賦課する条項ではなく，著作権法改正でも，インターネットサイトの閉鎖と関連した内容はありません。よって無断複製・配布がなされたサイトが閉鎖されることもありません。

以上で知的財産権に関する 6 つの主張と韓国政府による反論について検討してきました。その結果，著作権侵害の非親告罪化については，米韓 FTA によって新たに導入されたわけではなく，範囲が広がったに過ぎません。もちろん起訴される著作権侵害は増えるかもしれませんが，だれでも何でも訴えることができるようになったわけではありません。検察も公益上，無視できないような，常習的な著作権侵害を起訴するかもしれませんが，これが韓国の経済・社会に悪影響を与えるとは思えません。その他の主張も，誤解にもとづいたもの，単に著作権保護の強化はけしからんといったものが目立ちます。結論としては，米韓 FTA による知的財産権にかかる義務を履行しても，問題は起こらないといえるでしょう。

注

1) 米韓 FTA ホームページの資料（「18 章–知的財産権（説明資料）」）による。
2) 文化体育観光部・韓国著作権委員会（2011）による。
3) 電子新聞「SW 不法複製，米韓紛争の雷管になるかも」（2012 年 3 月 14 日）。
4) 文化体育観光部「"SW 不法複製，米韓 FTA 貿易紛争米韓紛争の雷

管になるかも"報道関連解明」(報道資料:2012年3月13日)による。
5) 米韓FTAホームページに掲載されている,チェソクヨンFTA交渉代表のブリーフィング (2011年12月2日) の内容による。
6) チェソクヨンFTA交渉代表のブリーフィング (2011年12月2日) の内容,米韓FTAホームページの資料 (「18章-知的財産権 (説明資料)」) による。
7) ハンギョレ新聞「[寄稿]"米韓FTA不合理"これより深刻なことはない」(2011年11月26日)。
8) 1) に同じ。
9) 政府の反論は,文化体育観光部・韓国著作権委員会「米韓FTA履行のための改正著作権法説明資料」(2011年),外交通商部「米韓FTA知的財産権関連の誤解と真実」(報道資料:2011年11月29日) による。
10) 2) に同じ。
11) ハンギョレ新聞「米韓FTA発効時ウィンドウズ開始音作用制限」(2011年8月25日)。
12) 政府の反論は,外交通商部「"米韓FTA発効時ウィンドウズ開始音使用制限"ハンギョレ新聞報道 (8.25) 関連」(報道資料:2011年8月25日) による。
13) 国会知識経済委員会「商標法一部改正法案検討報告書」(2011年10月) による。
14) 京郷新聞「FTA発効時はインターネット検索も"著作権侵害"歩けば当たる」(2011年11月19日)。
15) 外交通商部「"米韓FTA発効時ウィンドウズ開始音使用制限"ハンギョレ新聞報道 (8.25) 関連」(報道資料:2011年8月25日) による。
16) 7) に同じ。
17) 政府の反論は,チェソクヨンFTA交渉代表のブリーフィング (2011年12月2日) の内容による。

第8章 知的財産権(2)(医薬品を除く)――著作権侵害の濫訴は起こらない

〈第8章のまとめ〉

・主張1:非親告罪

著作権侵害が非親告罪となり,だれでも告訴ができるようになる。

[韓国政府などによる反論]

著作権侵害は条件付きで,米韓FTAの交渉妥結以前から非親告罪でした。よって米韓FTAによって非親告罪となったわけではありません。ただし米韓FTAの義務履行のため,著作権侵害が親告罪となる範囲が少し広がりました。なお告訴できるのは著作権者だけで,非親告罪に該当すれば,検察官が告訴の有無にかかわらず起訴できます(第三者ができるのは告発に限定されます)。侵害される利益の相当部分が権利者だけの利益であれば,権利者と侵害者の間で合意がなされているにもかかわらず,国家が公益の侵害を理由にこれを処罰する可能性は小さいと考えられます。

・主張2:著作権保護期間の延長

著作権の保護期間が延びて一般利用者に負担がかかる。

[韓国政府などによる反論]

米韓FTAより先に発効した,EU韓FTAを履行するために,著作権に対する70年保護はすでに著作権法に反映されています。

- **主張3：盗撮に刑事罰導入**

> 映画館で，ビデオカメラなどにより映画を撮影する，あるいは撮影を試みた場合刑事罰を受けるなど，過度な処罰が導入される

[韓国政府などによる反論]

確かに，映画館で映画を録画する，あるいは公衆に送信することは禁止されました。そして違反行為には，1年以下の懲役，あるいは1千万ウォン以下の罰金が科せられることになりました。未遂の場合も罰せられます。しかしビデオカメラを映画館に持ち込んだだけでは未遂にはならず，罰せられることはありません。過度な処罰か否かは，他国における例と比較する必要があります（日本はもっと重い罰則が定められています）。

- **主張4：音やにおいが商標として保護**

> 音やにおいも商標として保護され，ウィンドウズの開始音も制限される。

[韓国政府などによる反論]

国際的には非視覚的商標まで商標権の保護対象に拡大する方向にあります。よって米韓FTAにおける取り決めに関係なく，非視覚的な商標も保護対象にされる見通しでした。なお商標制度の「属地主義」原則により，韓国で商標登録要件を充足しなければならず，アメリカで登録されている，音やにおいの商標が，そのまま韓国で認められるわけではありません。

第8章 知的財産権(2)(医薬品を除く)——著作権侵害の濫訴は起こらない

・主張5:一時保存も複製(=著作権侵害)

> インターネット検索が著作権侵害になる。

[韓国政府などによる反論]

　確かに米韓FTAの条文では,複製の概念には一時的複製も含まれると定められています。しかし脚注で,デジタル環境のもとで,一時的保存の使用の現状に鑑みて,インターネット検索行為とともに,日常的な行為にともなう一時的保存に対しては例外とすることができると規定されています。よって通常の検索であれば著作権侵害にはなりません。

・主張6:違反著作物の配布に使われたサイトの閉鎖

> 著作物の無断複製・配布を許すサイトは閉鎖を強制される。

[韓国政府などによる反論]

　付属書簡に「両国は著作物の無断複製や送信を許すインターネットサイトを閉鎖する目的に同意する」と書かれています。しかし付属書簡は法的な義務を賦課する条項ではなく,改正された著作権法に,サイトの閉鎖と関連した内容はありません。よって無断複製・配布がなされたサイトが閉鎖されることもありません。

補論 再協議は可能

　第1章から第8章にかけて、米韓FTAにより韓国の経済・社会が被害を受けるといった主張と、主張に対する政府などの反論をみてきました。そのなかで、序章で紹介した、いわゆる毒素条項に対する政府の反論の大半を紹介しました。しかし紹介できなかった毒素条項が2つ残っているので、これらに対する韓国政府の反論をみていきます。

　まずは「政府の立証責任」です。これは「すべての政策や規定について、政府はこれが必要不可欠なことであることを、科学的に立証しなければならない責任を負う」といった主張です。これに対して韓国政府は以下のように反論しています。[1]

　FTAなど国家間の通商協定は、一般的に国家の正当な目的の公共政策を妨げる内容を含んでいません。むしろ、政府の公共政策などが協定違反であるとする場合、相手国に立証責任があります。これは米韓FTAも例外ではありません。アメリカが韓国が講ずる措置が米韓FTA違反であると主張する際には、アメリカ側に立証責任があり、韓国が主張する場合には、逆に韓国側に立証責任があります。

　そして最後は「再協議不可条項」です。これに対する韓国政府の反論は単純明快であり、米韓FTAのどこにも再協議を妨げる条文

はなく,むしろ,第24.1条（改正）において,米韓FTAの内容の改正について明示されています。

これで毒素条項のすべてに対する韓国政府の反論を紹介しました。そこで最後にこれらを表にまとめて本書の締めくくりとしたいと思います。

注

1)「政府の立証責任」,「再協議不可条項」に対する政府の反論は,外交通商部「わかりやすく書いた,いわゆる米韓FTA毒素条項主張に対する反論」（2011年1月）による。

表補　毒素条項と政府の反論

毒素条項	主張の要約	政府反論の要約
① サービス市場のネガティブリスト	開放しない分野だけを指定する条項で,事実上すべてのサービス市場を開放する。	義務を負うことが適当でないサービス分野は,留保表に列挙している。また留保表に掲載されていなくても,公衆の道徳保護または公の秩序維持のために必要な措置は,講じることが可能である。
② ラチェット条項	一度開放された水準は,いかなる場合も逆に戻せない。	一部の措置は,自由化の方向にしか措置を変更できない義務を負う。しかし,「投資」,「サービス貿易（金融サービスを含む）」に関する措置のなかで,現状維持義務留保表に掲載されているものに限定される。

毒素条項	主張の要約	政府反論の要約
③未来最恵国待遇条項	将来，他の国とアメリカより高い水準の市場開放を約束する場合，自動的に米韓FTAに遡及適用される。	「投資」，「サービス貿易（金融サービスを含む）」に関する措置のみが対象である。また，脆弱なサービス分野などに関する措置は留保されており，対象外となっている。
④投資家-国家間紛争解決制度（ISDS）	国の主権の喪失を招く最も悪い条項である。大韓民国憲法上保障された，司法権，平等権，社会権が崩れる。この制度によって韓国に投資したアメリカ資本や企業は，韓国で裁判を受ける必要がなくなる。	韓国で裁判を受けない選択肢は生ずるが，統計から見ても，国際仲裁機関による仲裁はアメリカ寄りではなく，投資家が勝訴しやすいわけでもない。
⑤間接収用による損害補償	政府の政策や規定により発生した，間接的損害にも補償しなければならない条項である。	「相当程度の剥奪」がなければ間接収用として認定されない。また正当な公共福祉のための措置は，間接収用とされない。
⑥非違反提訴	FTA協定文に違反しない場合でも，政府の税金，補助金，不公正取引是正措置など政策により，「期待する利益」を得られなかったことを根拠として，投資家が相手国を国際仲裁機関に提訴できる。	制度の適用は，国家対国家の紛争に限られる。また訴える側の国に高度な立証責任が課されている。よってWTO体制下でもほとんど利用されていない。
⑦政府の立証責任	すべての政策や規定について，政府はこれが必要不可欠なことであることを，科学的に立証しなければならない責任を負う。	政府の公共政策などが協定違反であるとする場合，相手国に立証責任がある。韓国が講ずる措置を米韓FTA違反であると主張する際には，アメリカ側に立証責任がある。

毒素条項	主張の要約	政府反論の要約
⑧ サービス非設立権	相手国に事業所を設立せずに営業できる。国内に存在しない会社を処罰できる法律がないため，韓国はこれら企業に対して，課税や不法行為に対する処罰ができない。	政府が規制下に置かない場合，問題が生ずると判断したサービス分野においては，「現地駐在義務賦課禁止」に留保を付けている。
⑨ 公企業完全民営および外国人所有持分制限撤廃	韓国の公企業を，アメリカの巨大投機資本に，美味しく捕えやすい獲物として与える。	韓国電力公社の外国人持分上限は米韓FTAによって変更されていない。公企業の民営化権限は，韓国政府が引き続き保有する。
⑩ 知的財産権直接規制条項	韓国人，韓国政府，韓国企業に対する知的財産権の取り締まりの権限を，アメリカ系企業が直接もつようになり，複製薬生産が不可能になり，薬の価格は青天井に高まる。	米韓FTAのどこにも，韓国における知的財産権の取り締まり権限をアメリカがもつとの条項はない。韓国における取り締まり権限は，韓国政府にある。
⑪ 金融および資本市場の完全開放	韓国の金融市場を，現在にも増して国際投機資本の遊び場とする，害をもたらす条項である。	米韓FTAにかかわらず，韓国では高い水準で資本市場を開放している。また追加的に，金融システムの安定および消費者保護措置を取ることも可能である。
⑫ 再協議不可条項	上記11種類の条項はいかなる場合でも再協議ができない。	米韓FTAのどこにも再協議を妨げる条文はない。再協議は可能である。

(出所) 外交通商部「わかりやすく書いた，いわゆる米韓FTA毒素条項主張に対する反論」(2011年1月)，その他韓国政府資料により作成。

参考文献

(日本語文献)

外務省経済局サービス貿易室 (1997)『WTO サービス貿易の一般協定』日本国際問題研究所。

経済産業省 (2012)『2011 年版不公正貿易報告書』。

滝沢敏明 (2010)『WTO 法』(第 2 版) 三省堂。

日本貿易振興機構 (2008)『米韓 FTA を読む』。

深川博史 (2002)『市場開放下の韓国農業』九州大学出版社。

松本加代 (2010)「収用―規制と間接収用」(小寺彰編『国際投資協定』三省堂), 120-136 ページ。

(韓国語文献)

韓国特許庁 (2009)『製薬分野のエバーグリーン特許戦略と紛争事例研究』。

韓国農村経済研究院 (2011)『農業展望 2011』。

韓国農村経済研究院 (2012)『農業展望 2012』。

金融監督院 (2011)『保険会社危険基準自己資本制度解説書 (改訂版)』。

ソジンギョ他 (2004)『米関税化猶予協商シナリオ分析と協商戦略』韓国農村経済研究院。

知識経済部・郵政事業本部 (2011)『韓国郵政白書 2010』。

文化体育観光部・韓国著作権委員会 (2011)『米韓 FTA 履行のための改正著作権法説明資料』。

(英語文献)

Kim Sonyoung, Kim H. Sunghyun, Wang Yunjong (2001) "Capital Account Liberalization and macroeconomic Performance", Korea Institute for International Economic Policy.

(注) 日本語文献はアイウエオ順とした。韓国語文献は本来カナタラ順とすべきであるが, 韓国語に馴染みがない読者の便宜を優先し, 著者のカタカナ表記などにしたがってアイウエオ順とした。

付録

本書を読むための基礎知識

> 以下では本書を読むための基礎知識を紹介します。一般的な事実の紹介であるので筆者の主張や憶測を極力排するため、原則として、日本政府が公表している説明文や報告書の記載を引用要約する形で紹介します。ただし、便宜上の理由から筆者が言葉を加えたり、順番を入れかえたり等手を加えた部分があります[1]。より詳しい説明については、出所（入手が可能なホームページのアドレスを付けました）にアクセスしたうえで、適宜情報収集してください。

序章 〈WTO 体制〉

【GATT（関税及び貿易に関する一般協定：General Agreement on Tariffs and Trade）、WTO（世界貿易機構：World Trade Organization）】

本書のタイトルにも出てくる TPP や FTA といった用語を理解するためには、多国間の貿易のルールを定めている WTO および、その前身の GATT について知る必要があります。

GATT は、1929 年に端を発した世界恐慌以降、世界経済のブロック化が進み、各国が保護主義的貿易政策を設けたことが、第二次世界大戦の一因となったという反省から作成（GATT は機関でなく協定なので作成です）され、1948 年に GATT 体制が発足しました。GATT においては、貿易に関する基本的なルールとして無差別原則（最恵国待遇、内国民待遇）などが定められ、また、ラウンドと呼ばれるすべての加盟国が参加する貿易交渉を通して、物品の関税を中心とした自由化が進展しました。

GATTは正式な国際機関ではなく，暫定的な組織として運営されてきましたが，1986年に開始されたウルグアイ・ラウンド交渉において，国際機関を設立する必要性が強く認識されるようになりました。その結果，1994年にウルグアイ・ラウンド交渉がまとまった際にWTOの設立が合意されました。

　国際機関であるWTOは1995年に設立されWTO協定（貿易に関連するさまざまな国際ルールを定めています）の実施・運用を行うとともに，新たな貿易課題への取り組みを行っています。また，GATTにおいて定められたルールは物品の貿易に関するものが中心でしたが，WTOではサービス貿易や知的財産権など新しい分野も扱うようになりました。[2]

【物品貿易に関する基本原則】

　GATTおよびWTOにおける物品貿易に関する基本原則として，① 最恵国待遇，② 内国民待遇，③ 数量制限の原則禁止があります。[3]

　まず**最恵国待遇**は，「いずれかの国に与える最も有利な待遇を，他のすべての加盟国に対して与えなければならない」という原則です。WTOに加盟している国（A国とします）が，B国との交渉である製品の関税率を10%から5%に引き下げると約束した場合，この関税率はB国以外のすべての加盟国にも適用されなければなりません。B国以外の国に対して当該製品の関税を10%に維持した場合は，最恵国待遇違反となります。ちなみに最恵国待遇原則は，FTAの説明の際に重要になってきます。

　次に**内国民待遇**は「輸入品に適用される待遇は，国境措置である関税を除き，同種の国内産品に対するものと差別的になってはいけない」という原則です。例えば，輸入ビールにかける酒税の税率

を，国産ビールより高く設定した場合には，内国民待遇違反となると考えられます。

さらに**数量制限の原則禁止**は文字通りの原則です。なぜ関税は認められているのに，輸入数量制限が認められないかというと，前者が後者より国内産業保護の度合いが強いと見なされているからです。相手国が関税により輸入を制限していても，外国の輸出企業が関税による障壁を乗り越えるだけの価格競争力をもてば，輸出は可能です。しかし数量制限がかけられていたら，いくら競争力をつけても制限数量以上の輸出は不可能です。

なお，最恵国待遇や内国民待遇は，物品の貿易以外にも，サービス貿易，知的財産権，投資に関するさまざまなルールにおいて規定されています（後述）。

【FTA（自由貿易協定：Free Trade Agreement）】

FTAは，特定の国や地域の間で締結される，物品の関税などを削減・撤廃する協定です。つまりA国とB国がFTAを締結した場合，A国からB国，あるいはB国からA国へ輸出される物品の関税は原則的に撤廃されます（実際は撤廃されないものもあります）。

ただし，FTAを締結していないC国から輸出される物品にかけられている関税はゼロにはなりません。その場合，A国，B国がWTOの加盟国であった場合，最恵国待遇に違反するはずです。しかしFTAは最恵国待遇の例外として許容されているため，C国から輸出された物品に関税をかけてもルール違反にはなりません。

なおFTAと関連するものとしてEPAがあります。**EPA**（経済連携協定：Economic Partnership Agreement）は，外務省によれば「貿易の自由化に加え，投資，人の移動，知的財産の保護や競争

政策におけるルール作り，様々な分野での協力の要素などを含む，幅広い経済関係の強化を目的とする協定」です。この説明から見ると，FTAは貿易の自由化のみを定め，EPAはこれに加え，投資，知的財産の保護などのルールも定める協定と考えられます。しかし，世界で締結されているFTAのなかには，日本のEPA同様，関税撤廃・削減やサービス貿易の自由化にとどまらない，さまざまな新しい分野を含むものも見受けられます[4]（以下では，EPAとFTAと分けず，単にFTAとします）。

さて，FTAですが，1990年には世界全体で27件に過ぎませんでしたが，2011年11月には505件にまで増加しています（FTAより地域統合のレベルが高いとされる関税同盟なども含みます）。日本は2012年2月現在で13の国・地域とFTAを締結しています[5]。なお日本は参加していませんが，名の知れたFTA（関税同盟を含む）としては，NAFTA（北米自由貿易協定：North America Free Trade Agreement），Mercosur（南米南部共同市場：Mercard Comun del Sur ←スペイン語）があります。またアジアということではAFTA（アセアン自由貿易地域：ASEAN Free Trade Area）もあります。ちなみに，地域統合のレベルから見れば別格であるEU（欧州連合：European Union）[6]も含めて，加盟国，2010年時点の経済規模と人口を表でまとめておきます。

なおニュースなどで耳にすることのある**APEC**（アジア太平洋経済協力：Asia-Pacific Economic Cooperation）はFTAではありません。APECは，アジア太平洋地域の21の国と地域が参加する経済協力の枠組みで，貿易・投資の自由化，ビジネスの円滑化，経済・技術協力などの活動を行っています。しかし，メンバーを法的に拘束しない，緩やかな政府間の協力の枠組みであり，この点で法的拘

表 主要な FTA などのデータ

	加盟国	人口	名目 GDP
NAFTA	アメリカ，カナダ，メキシコ	4億5241万人 (日本の3.6倍)	17兆1961億ドル (日本の3.1倍)
Mercosur	アルゼンチン，ブラジル，パラグアイ，ウルグアイ，ベネズエラ	2億7426万人 (日本の2.2倍)	2兆9032億ドル (日本の0.53倍)
EU	ヨーロッパの27カ国 (ドイツ，フランス，イギリスなど)	5億210万人 (日本の3.9倍)	16兆2503億ドル (日本の3.0倍)
AFTA	シンガポール，インドネシア，マレーシア，フィリピン，タイ，ブルネイ，ベトナム，ラオス，ミャンマー，カンボジア	5億8717万人 (日本の4.6倍)	1兆8436億ドル (日本の0.34倍)

(出所) 外務省アジア太平洋局地域政策課「目で見る ASEAN ― ASEAN 経済統計基礎資料―」2ページの表を引用。ただし一部便宜上変更を加えている。

束力のある FTA とは異なります[7]。

【TPP（環太平洋パートナーシップ：Trans-Pacific Partnership）】

TPP は，現在のところ，シンガポール，ニュージーランド，チリ，ブルネイ，アメリカ，オーストラリア，ペルー，ベトナム，マレーシアの9ヵ国が参加しています。そして参加国の間で，高い自由化を目標とし，非関税分野や新しい貿易課題を含む包括的な協定として交渉が行われています[8]。

TPP 協定は，24の作業部会が設けられ，物品市場アクセス（≒関税削減）のみならず，知的財産権，サービス貿易，金融サービス，投資などの分野で交渉されています。よって FTA の一つ（日本の定義であれば EPA）と考えられます。

【米韓FTA】

アメリカと韓国の間で締結された自由貿易協定で，2012年3月に発効しました。協定では，貿易の自由化のみならず，投資，知的財産の保護などのルールも定めています。

第1〜2章〈投資・検疫〉

【直接投資】

直接投資は，「民間部門における長期の国際間資本移動であって，投資先企業の経営を支配（または企業経営へ参加）する目的で行う行為」です。

直接投資の形態には，①新たに投資先国に法人を設立するもの（工場の設立などを伴うものなど），②既存の投資先国企業と株式取得・交換を通じ，提携などパートナーシップを結ぶもの，③既存の投資先国企業を買収するものに分けることができます。①については，一般的にグリーンフィールド投資，②，③についてはM&A（合併・買収）と呼ばれています[9]。

なお直接投資は，「水平的直接投資」，「垂直的直接投資」の大きく2種類に分けることができます。「水平的直接投資」は，輸送コストなどの貿易障壁を回避する目的で相手国の市場に自国の経済活動を移転させる戦略で，「垂直的直接投資」は相手国の安い労働力を求めて工場を海外に進出させるものです。また世界の直接投資額[10]（フローベース）は，1980年代中盤まで1000億ドルを切っていましたが，以降は急増し，2007年には2兆ドルを超えました（図参照）。2008年，2009年は世界金融危機などの影響で急減しましたが，最近は回復しつつあります。

図 世界の直接投資額

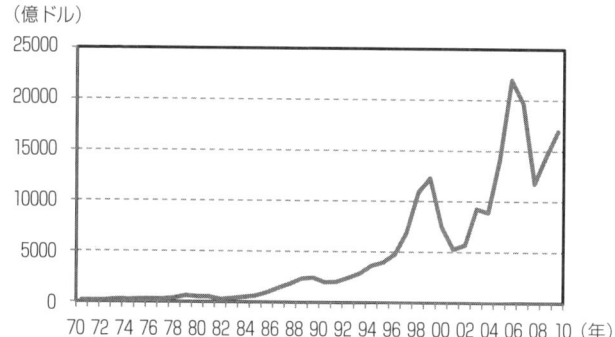

(億ドル)

(注) Outward Flow ベース。
(出所) UNCTAD 統計データベースにより作成。

【投資協定】

投資協定は，海外に投資した企業などの，投資財産保護，規制の透明性向上などにより，投資を促進するためのルールを規定しています。貿易におけるWTO協定のような多国間協定がなく，二国間協定が中心となっています。そして，保護される投資財産の範囲には，子会社，工場などの直接投資が含まれています。なお近年は，投資協定のみならず，FTAの投資を扱う章において，投資の保護および自由化を定めることが多くなり，締結数が急速に増加しています[11]。

1950年代末から，二国間投資協定が締結されてきましたが，海外直接投資の拡大などを受け，1990年代には飛躍的に増加して，その数は2010年末現在で2807に達しています[12]。

投資協定のルールにはいくつかありますが，4つほど説明しましょう[13]。まず，最恵国待遇と内国民待遇です。先にもみましたが，投資協定の場合は，相手国の投資家や投資財産（以下では「投資」と

します）に対して，第三国や現地の企業に劣らない待遇を与えるルールです。最恵国待遇は，投資に対して，第三国の投資に与えている待遇より不利でない待遇を与えることです。また内国民待遇は，投資に対して自国企業に与えている待遇より不利でない待遇を与えることです。

第二にパフォーマンス要求の禁止です。これは投資先国が，投資活動の条件として，①一定の水準または割合を輸出すること，②原材料を現地で調達すること，③輸出を制限すること，④特定の国籍を有する者を役員に任命すること，⑤投資受け入れ国内に事業本部を設置することなどを要求することを禁止しています。

第三に収用の制限と適切な補償です。これは政府による収用（国有化）を原則禁止しています。一部例外はありますが，その場合は公正な市場価格で補償することが義務づけられています。なお所有権の移動を伴わなくても，裁量的な許認可の撤回など，投資財産の利用やそこから得られる収益を阻害するような措置も収用に含まれます（「間接収用」と呼ばれます。一方，政府による収用は「直接収用」と呼ばれます）。

第四に投資家と国家の国際仲裁手続き（ISDS手続き）です。これは相手国の投資協定違反により投資家が損害を受けた場合，国際仲裁機関への提訴を可能にするルールです。これによって政治介入を受ける可能性の高い国や，司法制度が未確立や国の裁判所でなく，第三者である国際仲裁機関に提訴することが可能になります。

【留保表】

「留保」を広辞苑（第六版）で引くと，「一般に権利・義務を残留・保持すること。特に，条約について加入国の一つが特定の条項

や適用地域などに関し制限をつけることをいう」と書かれています。まさにこの説明のごとく、留保表とはFTAや投資協定などによって課された義務に対して制限をつける部分を列挙した表といえます。

例えば投資協定では、留保する分野、留保する協定の義務、根拠法令などが掲載されています。具体的には、①現在留保（既存の規制措置を留保。留保した措置については現状維持義務がかかる。）、②将来留保（現状維持義務が無く、締約国は、将来、規制を強化することができる。）があります。[14]

ちなみに現在留保も将来留保も、留保する分野について、留保する義務を履行する必要はないのですが、現在留保した措置は、自由化に逆行する方向で変更ができません。自由化の一方向にしか変更できないことから、ラチェット条項と呼ばれます。ラチェットとは「爪車」（歯止め）の意味で、一方向にしか車輪が回転しない工夫がなされています（スイスの登山電車などにはこれがついています）。そこで一方向しか動かないことをもじって、ラチェット条項と呼ばれています。

重要な点は、協定の条文で書かれたすべての義務が例外なくかかるのではなく、留保に掲げられた措置などについては、義務を履行する必要はないことです。

【SPS措置（衛生及び植物検疫措置：Sanitary and Phytosanitary Measures）】

GATT第20条においては、「差別的に取り扱わないこと、また偽装された保護主義として利用しないことを条件に、各国政府が、人や動植物の生命または健康を保護するために貿易に関与すること

を認めています[15]」。しかし、このGATT第20条の規定が抽象的であるなどの問題があったため、ウルグアイ・ラウンド交渉においてSPS措置に関する交渉が行われ、SPS協定が合意されました。SPS協定においては、国際的な基準がある場合には自国のSPS措置がそれにもとづくものにすること、科学的に正当な理由がある場合には国際的な基準よりも高いレベルのSPS措置を導入できることなどが定められています。

第3章〈紛争解決，公共政策〉

【WTOにおける紛争解決】

WTO協定では紛争解決手続きが定められています。以下では紛争解決がどのようになされていくか説明します[16]。

まず協議です。WTOの加盟国が、他の加盟国の措置がWTO協定に適合しないとして申し立てを行った場合は、二国間協議を行います。つまり当事国同士で話し合うのが最初の段階です。

一定期間内に協議によって紛争が解決できなかった場合には、紛争解決の場がWTOに移ります。最初はパネル（小委員会）による検討が行われ、判断が下されます。当事国に意義がなければこの判断が最終決定となります。しかし意義がある場合には、上級委員会で検討が行われ、判断が下されます。そしてこれが最終的な判断となります。

【間接収用】

「収用」を広辞苑（第六版）で引くと、「特定の公益的事業のため、土地・物件等の所有権その他の財産権を強制的に国・公共団体または第三者に取得させ、または消滅等させること」と説明されて

います。相手国に投資をしたにもかかわらず,投資財産を国有化されてしまった場合は,これぞ「収用」といったわかりやすいケースです。

間接収用は,このような直接的な収用ではありません。投資財産の利用や収益機会が阻害され,結果的に収用と同じ効果をもたらす,投資先国政府の措置がそれに当たります。[17] 投資先の国の政府に,許認可を恣意的に撤回され,現地法人を設立したのに営業できなくなった場合などは,間接収用と判断される可能性があります。

第4～6章〈サービス貿易〉
【サービス貿易】

物品の貿易はイメージが難しくありません。しかしサービスも貿易の対象となります。サービス貿易は後述する GATS によって4つに分類されます。[18]

第一モードは国境を越える取引です。サービスの提供者,サービスの消費者ともそれぞれの国にいます。よってサービスが,電話,インターネット,郵便などの手段で動く形態です。外務省や経済産業省は(以下,第四モードまで同じ),電話で外国のコンサルタントを利用する,テレホンセンターの海外へのアウトソーシング,外国のカタログ通信販売を利用することを例として挙げています。

第二モードは海外における消費です。サービスの提供者は自国にいますが,サービスの消費者が提供者の国に移動して,サービスを利用します。外国への観光旅行,外国で船や航空機の修理を行う,外国の会議施設を使って会議を行うなどが例示されています。

第三モードは業務上の拠点を通じてのサービス提供です。これはサービスの提供者が,消費者の国に拠点を設置して,その拠点が消

費者にサービスを提供します。海外支店を通じた金融サービス,海外現地法人が提供する流通サービスが例として挙げられています。

　第四モードは自然人の移動です。サービス提供者たる自然人が,自分の国から消費者のいる国に移動して,そこで消費者にサービスを提供します。招聘外国人アーティストによる娯楽サービス,外国人技師の短期滞在による保守・修理サービスが例示されています。

　ちなみにWTOはサービスを,①実務サービス（例えば,法律・会計,コンピュータ）,②通信サービス（郵便,音響映像,通信）,③建設などサービス（建設・工事,土木）,④流通サービス（卸小売）,⑤教育サービス（初中高等教育）,⑥環境サービス（汚水,廃棄物処置,衛生）,⑦金融サービス（銀行,保険）,⑧健康および社会事業サービス（病院,健康）,⑨観光および旅行サービス（ホテル,旅行）,⑩娯楽,文化,スポーツサービス,⑪運送サービス（海上運送,航空運送,道路運送）,⑫その他サービスの,12分野に分けています。

【GATS（サービスの貿易に関する一般協定：General Agreement on Trade in Services）】

　WTO協定の一つであり,サービス貿易に影響を及ぼす政府の措置などに対してルールを定めています。ただし政府の権限の行使として提供されるサービス（例：国営独占の場合の電力や水道）は対象外です。GATSが定めるルールには,市場アクセス,内国民待遇,最恵国待遇などがあります。[19]

　市場アクセスは,政府が採るべきではない措置を列挙しています。具体的には,サービス供給者の数に関する制限,外国資本の参加の制限など6類型が挙げられています。サービス供給者の数に関

する制限の例としては,事業者免許の数量割当があります。内国民待遇は,他の加盟国のサービスやサービス供給者に対して,自国のものと比較して不利ではない待遇を与えなければならないルールです。最恵国待遇は,すべての加盟国のサービスやサービス供給者に対して,同等の取り扱いをしなければならないルールです。

なお,GATSの市場アクセスと内国民待遇などのルールに関しては約束表があり,自由化される分野および条件・制限を個々に明示しています(ポジティブリスト方式)。ちなみにこれとは逆に,一般的な自由化義務を約束し,その例外とする措置や分野を明示的に示す方式もあり,ネガティブリスト方式と呼ばれます。[20]

外務省は,何がGATS違反になるかケーススタディを示しています。[21] 便宜上,以下のケースは「約束表」でその分野が約束され,かつ留保されていない場合とします。まず市場アクセスです。「A国の当局から営業免許を得ようとしたら,他の事業者の経営を圧迫するという理由から,すべての基準を満たしているにもかかわらず免許が下りない」場合はどうなるでしょうか。GATSでは,需給調整などにもとづくサービス提供者の数の制限は禁止されています。よって市場アクセスのルールに違反する可能性があります。

次に内国民待遇に関するケースです。「外資系企業であるとの理由により,税金が重い,過重な行政手続きを要求されるなど,地元企業と同様な取り扱いを受けていない」場合はどうでしょうか。これは内国民待遇違反となる可能性があります。

最後に最恵国待遇に関するケースです。「A国の国内において支店の開設を行おうとしたら,アメリカの企業には認可が下りたのに,日本の企業には下りなかった」場合はどうなるでしょうか。このケースは最恵国待遇違反となります。

第7〜8章 〈知的財産権〉

【知的財産権】

特許庁によれば,知的財産権は,知的創造物についての権利,営業標識についての権利の2つに大別されます[22]。

知的創造物についての権利は,さらに,特許権,意匠権,著作権などに分かれます。特許権は,発明者に一定期間,一定の条件のもとで与えられる独占的な権利です。これによって発明者は,安心して発明を世に出すことができ,これが技術進歩を促進し,産業の発達に寄与することとなります。意匠権によって,物品のより美しい外観(形状,模様,色彩などにより作られます)が保護されます。外観は,一見してだれにでも識別することができるため,容易に模倣することができます。そこで,新しく創作した意匠を創作者の財産として保護しています。さらに著作権によって,小説,音楽,美術,映画,コンピュータプログラムなどが保護されます[23]。

営業標識には,商標権などがあります。商標権により,商品やサービスに付される目印,すなわち商標が保護されます。商標に,商品やサービスの出所を表示する機能,品質を保証する機能,広告機能をもたせることにより,商標を使用する者の業務上の信用の維持を図れます。

【WTOにおける知的財産:TRIPS協定】

WTOにおいて知的財産はTRIPS協定によりルールが定められています[24]。1995年にWTO設立協定付属書1CとしてTRIPS協定(知的所有権の貿易関連の側面に関する協定:Agreement on Trade-Related Aspects of Intellectual Property Rights)が発効しました。これは,知的財産権の保護や権利行使手続きの整備を加盟各国に義務

づけることを目的としており，加盟国は協定の内容は各国の法律に反映させる義務を負っています。

TRIPS 協定は，知的財産権に関する既存の条約（パリ条約，ベルヌ条約など）の遵守を最低ラインとして，さらなる保護強化を規定しています。そして基本原則は，内国民待遇と最恵国待遇です。また知的財産権行使に関する規定（知的財産権侵害に対して効果的な措置をとることを義務づけるなど），多国間における紛争解決手続きの導入が規定されています。

注

1) なお筆者による要約，加筆などにより生じた誤りや正確度の低下は，無論筆者の責に帰する。
2) WTO 及び GATT に関する説明は，外務省ホームページ上の「WTO 新ラウンドに関する現状説明」（2008 年 5 月）による。
3) 「最恵国待遇」，「内国民待遇」，「数量制限の禁止」に関する説明は，経済産業省『2012 年版不公正貿易報告書』221 ページ，229 ページ，235 ページによる。
4) 外務省ホームページ上の「経済連携協定（EPA／自由貿易協定（FTA））」による。
5) 経済産業省『2012 年版不公正貿易報告書』505 ページによる。
6) 国際経済学者のベラ・バラッサによれば，地域経済統合は，① 自由貿易地域，② 関税同盟，③ 共同市場，④ 経済同盟，⑤ 完全な経済統合に分類できる。① から ⑤ の順番で地域経済統合の水準が高くなる（深化する）。EU は経済同盟にまで統合が深化している。
7) APEC の説明は，外務省ホームページ「APEC の概要」などによる。APEC の参加国・地域は，オーストラリア，ブルネイ，カナダ，チリ，中国，香港，インドネシア，日本，韓国，マレーシア，メキシコ，ニュージーランド，パプアニューギニア，ペルー，フィリピン，ロシア，シンガポール，台湾，タイ，アメリカ，ベトナムである。
8) 外務省ホームページ上の「環太平洋パートナーシップ（TPP）協定

交渉」（2012 年 7 月）による。
9) 経済産業省ホームページ上の「我が国の直接投資に関する Q&A」による。
10) 経済産業省「通商白書 2010」231 ページによる。
11) 経済産業省通商政策局経済連携課「投資協定の概要と日本の取組み」（2012 年 8 月），外務省パンフレット「BIT（二国間投資協定）を知っていますか？」による。
12) 経済産業省『2012 年版不公正貿易報告書』623 ページによる。
13) 投資協定のルールに関する説明は，経済産業省通商政策局経済連携課「投資協定の概要と日本の取組み」（2012 年 8 月）による。
14) 経済産業省通商政策局経済連携課「投資協定の概要と日本の取組み」（2012 年 8 月）による。
15) 農林水産省ホームページ上の農林水産省消費・安全局国際基準課「基準と安全」より引用。
16) WTO 紛争解決手続きについての説明は，外務省ホームページ「世界貿易機関（WTO）紛争解決制度とは」による。
17) 経済産業省『2012 年版不公正貿易報告書』632 ページによる。
18) 4 つのサービス形態およびサービス分野の説明は，経済産業省「サービス協定（GATS）」，外務省ホームページ上の「サービス貿易の 4 態様」による。
19) GATS の説明は，経済産業省「サービス協定（GATS）」，外務省ホームページ上の「サービスの貿易に関する一般協定（GATS）の解説」による。
20) 経済産業省『2012 年版不公正貿易報告書』555 ページによる。
21) ケーススタディは，外務省ホームページ上の「GATS ケース・スタディ」による。
22) 知的財産権の説明は，特許庁ホームページ上の「知的財産権について」による。
23) 著作権の例示は，文化庁ホームページ上の「著作物テキスト～はじめて学ぶ人のために～」による。
24) TRIPS 協定の説明は，外務省ホームページ上の「TRIPS 協定成立の背景」などによる。

「本書を読むための基礎知識」で参照した政府の説明や報告書のリンク集

【WTO】
外務省ホームページ「WTO 新ラウンドに関する現状説明」
    http://www.mofa.go.jp/mofaj/gaiko/wto/2.html

経済産業省『2012 年版不公正貿易報告書』
    http://www.meti.go.jp/committee/summary/0004532/2012_houkoku01.html

【FTA】
外務省ホームページ「経済連携協定（EPA）／自由貿易協定（FTA）」
    http://www.mofa.go.jp/mofaj/gaiko/fta/

外務省ホームページ「APEC の概要」
    http://www.mofa.go.jp/mofaj/gaiko/apec/soshiki/gaiyo.html

【TPP】
外務省ホームページ「環太平洋パートナーシップ（TPP）協定交渉」
    http://www.mofa.go.jp/mofaj/gaiko/tpp/

【投資】
経済産業省ホームページ「我が国の直接投資に関する Q&A」
    http://www.meti.go.jp/policy/trade_policy/investmentq_a/html/questions.html

経済産業省『通商白書 2010』
    http://www.meti.go.jp/report/tsuhaku2010/2010honbun_p/index.html

UNCTAD 統計データベース
    http://unctadstat.unctad.org/

【投資協定】
経済産業省通商政策局経済連携課「投資協定の概要と日本の取組み」（2012 年 8 月）
    http://www.meti.go.jp/policy/trade_policy/epa/pdf/BITrsrc/120816%20BIT%20overview.pdf

外務省パンフレット「BIT（二国間投資協定）を知っていますか？」
　　http://www.mofa.go.jp/mofaj/press/pr/pub/pamph/pdfs/bit.pdf

【SPS 措置】
農林水産省消費・安全局国際基準課「基準と安全」
　　http://www.maff.go.jp/j/syouan/kijun/wto-sps/pdf/standards_e-j.pdf

【WTO における紛争解決手続き】
外務省ホームページ「世界貿易機関（WTO）紛争解決制度とは」
　　http://www.mofa.go.jp/mofaj/gaiko/wto/funso/seido.html

【サービス貿易】
経済産業省「サービス協定（GATS）」
　　http://www.meti.go.jp/policy/trade_policy/wto/pdf/negotiation/service/aboutgats.pdf

外務省ホームページ「サービス貿易の 4 態様」
　　http://www.mofa.go.jp/mofaj/gaiko/wto/service/gats_5.html

【GATS】
外務省経済局国際貿易室「世界貿易機関（WTO）サービスの貿易に関する一般協定（GATS）の解説」
　　http://www.mofa.go.jp/mofaj/gaiko/wto/service/pdfs/gats_ks.pdf

【知的財産権】
特許庁ホームページ「知的財産権について」
　　http://www.jpo.go.jp/seido/s_gaiyou/chizai02.htm

【WTO における知的財産：TRIPS 協定】
外務省ホームページ「TRIPS 協定成立の背景」など
　　http://www.mofa.go.jp/mofaj/gaiko/ipr/pdfs/trips.pdf

　　（注）複数の項目に重複する政府の説明や報告書は，初出のもののみ記載した。

おわりに

　「米韓 FTA によって韓国の経済・社会が悪影響を受ける」，「アメリカが有利な不平等条約だ」といった主張のほとんどすべてに韓国政府は反論しています。しかし，政府の反論は韓国に置かれたまま，主張だけが日本に紹介されてきたように思えます。本書では主に政府の反論の紹介に主眼を置きました。なぜなら，悪影響を及ぼすといった主張はすでに日本で十分紹介されているからです。重要な点は，韓国政府の反論も絶対ではないということです。政府としては米韓 FTA に対して否定的にはなれず，中立な立場で書かれたものではないためです。

　しかし米韓 FTA が問題であるといった主張，これに対する政府の反論の両方を知ることで，米韓 FTA に対する中立的な評価が可能となります。利用できる情報すべてを勘案して議論した結果得られる，米韓 FTA が韓国の経済・社会に対して与えるプラスの影響およびマイナスの影響は，日本の TPP 参加の是非に向けた議論に資すると考えます。本書が TPP を正しく議論するための一助になれば幸いです。

　2012 年 10 月　　　　　　　　　　　　　　　　　　高安　雄一

著者紹介

高 安 雄 一(たかやす・ゆういち)
大東文化大学経済学部社会経済学科准教授。
1966年生まれ。1990年一橋大学商学部卒,同年経済企画庁入庁,調査局,外務省在大韓民国日本国大使館,内閣府国民生活局,筑波大学システム情報工学研究科准教授などを経て現職。
2010年九州大学経済学府博士後期課程単位修得満期退学。博士(経済学)。
主要著書・論文
『韓国の構造改革』NTT出版,2005年
「韓国の農家による農外所得へのアクセスに関する考察」現代韓国朝鮮学会『現代韓国朝鮮研究』第9号,2009年
「韓国における農家所得格差の拡大要因―稲作農家の耕作面積二極化と大規模農家育成政策との関係を中心に」アジア政経学会『アジア研究』第55巻第3号,2009年
『隣の国の真実 韓国・北朝鮮篇』日経BP社,2012年

TPPの正しい議論にかかせない 米韓FTAの真実

| 2012年11月20日 | 第一版第一刷発行 | ◎検印省略 |
| 2013年8月30日 | 第一版第二刷発行 | |

著 者 高 安 雄 一

発行所 株式会社 **学文社**
郵便番号 153-0064
東京都目黒区下目黒3-6-1
電 話 03(3715)1501代
振替口座 00130-9-98842

発行者 田中千津子

©Yuichi TAKAYASU 2012 Printed in Japan
乱丁・落丁の場合は本社でお取替します。 印刷所 シナノ
定価はカバー・売上カードに表示。

ISBN 978-4-7620-2330-9